魔女っ子司書の自由研究

八巻千穂

刊行によせて

大島　真理

我が家の前はＪＲ陸羽東線が走っている。東北本線小牛田（宮城県）から鳴子温泉を経由して奥羽本線新庄（山形県）を結ぶローカル線である。新型コロナウイルスの影響で緊急事態宣言が出て以来、学校も休み、不要不急の外出の自粛等で、車内はがらんとしてほとんど人はいない。

ちょうど八巻さんからの電話中だった。「人がいない列車が通ったわ」と言ったのに返ってきた言葉が「銀河鉄道ですね」、あゝ、これ！思いもかけぬ言葉が発せられるのが、彼女の真骨頂である。「まるでＳＦ映画よ」と、こちらの会話脳？も活性化する。無人の列車があっという間にシュールな宇宙空間へと飛ぶ。それまで漠然と見ていた列車に、異次元へと旅立つカムパネルラとジョバンニを重ねた。このぶっ飛び感は、彼女の心酔する政治学者栗原康、この本でレビューをしているブレイディみかこなどに通じるのではと考えた。

ところ変わって2010年夏、ベルギー、ブリュッセル、有名な広場、グラン・プラスにすぐ近いホテルアミーゴでのことである。帰国の朝、もう一度本場の焼き立てのワッフルが食べたくなり、近くのお店で求め、ホテルのロビーを横切ろうとしたその時、椅子に腰かけた老婦人が目に入った。歌舞伎役者のように白塗りをしたこじんまりした顔に四角い眼鏡、少し褪色気味の銀髪、白っぽいスーツに小さめの四角いハンドバック、記憶を呼び覚ますものがあった。と、ほぼ同時に、連れの八巻さんがつぶやいた。「あんな絵、見たことありません?」ドイツ表現派の展覧会でみた絵が、現実となって再現されたような構図そのものだ。後になって一瞬一瞬がモザイク模様のように旅を作る。それを作るのも人の感性と言葉なのだ。

「お願いだから連れて行ってください」と八巻さんから懇願されて始まったカルテット旅行、友人Cさんとチェコ・ハンガリーの旅程を組んでいた時のこと、4人のほうが旅での行動には便利ということで、Cさんの友人Yさんも加わって結成されたカルテットだったが、その偶然はまさに仕組まれたかのように唯一無二の居心地のよさ、それから5回も欧州を旅することになる。そこで不思議なのが八巻さん、当時アラカン（嵐寛寿郎ではありません。Around sixty）のわれわれ世代とは親子ほどの隔たりにもかかわらず、心地よい旅の仲間となった。それは単に気が合うという言葉では括れないものがあった。

つまりは柔軟なのだ。驚くほど柔軟なのだ。枠にとらわれず自由な発想のもと、思いがけない言葉も飛び出す精神性が底にある。

さて、この二作目の本、『魔女っ子司書の自由研究』、テーマがまた自由に錯綜している。ミッション系の高校出身なのに仏教の現在もあり、占いの話から本との出会いを、宇宙規模へと導いたり、興味の範囲が尽きることがない。一作目は企画段階から相談にのったが、今回はほとんど自立して企画書を作り上げている。

前作でもインタビュー記事のまとめ方はスゴ技だと感心していたが、今回はさらに磨きがかかった。結構個性的な人々とのそれは、さらりとまとまっているようで、個性を引き出していた。言葉を換えれば、相手の固有の言語を探り当てたとも言える。タイトルは期せずして、彼女の本質に迫っている。

（エッセイスト・元東北福祉大学准教授）

パートI ❖ 魔女っ子司書のふたこと日記 〜図書館ジャーナル編〜

パートII❖魔女っ子司書の読書感想文 ～ブックレビュー編～

パートⅢ❖魔女っ子司書のフィールドノート
～インタビュー編～

表紙・本文イラスト
パートⅡの＊印 執筆 斉藤由理香

パートI ❖ 魔女っ子司書のふたこと日記

～図書館ジャーナル編～

10

ライブラリアンのたたずまい

ファッションは哲学なんだと思う。「哲学」とは、『新明解国語辞典』の第7版によると、その二番目に「自分自身の経験から築き上げた人生観（世界観）。」とある。ファッションの広義には、文化や音楽、ライフスタイルも含まれ、つまり服飾や装身具、美容や文化、音楽やライフスタイルに至るファッションは、自分自身の経験から築き上げた人生観や世界観を反映して選択され、表現されたものということになる。つまり、装いはその人の背景にある経験や、ビジョンなどを推し量る一つの物差しだといえる。どんなものが好みか、どのようなバックボーンを持っているのか、どういったキャリアを積み上げてきたのか、どう見られたいかなど、様々なイメージが非言語的情報として表出している。それは、見る側、出会う側にとって相手を知るための重要なファクターとして働き、印象としてインプットされる。

さてさて、司書のステレオタイプといえば、黒髪ひっつめ後ろ1本結びに黒縁メガネ、長めのスカートもしくはくたびれたスーツに、エプロン、事務用の腕カバー。ここから読み取れる情報は何でしょうか？　コミュ障で、洋服にも髪型にもこだわりがなく、真面目だけど、どこかネクラで面白味のない人間というメッセージに映りませんか？　少なくともスマートで、デキるイメージとは程遠いよね。ここまでのステレオタイプではなくとも、図書館界を見渡すとビジネス感の薄い野暮ったい印象を与えている人が多いような……、気がしてならないのである。

『ライブラリアンのためのスタイリング超入門』はそのタイトルどおり、元ライブラリアンによる、ライブラリアンのためのスタイリングの指南書である。今までになかったアイディア、ウェルカム！　服装や髪形の提案やメイクの仕方、スタイリングについての考え方など、実践的ですぐにでも参考にできる内

容である。ライブラリアンとしてのキャリアを、スタイリングによって見た目からも演出することが大切！という著者の主張、まったく同感である。スタイリングとはただ着飾るということではなく、自分を表現し、自分自身も心地よく、なおかつ向き合う相手への真摯な態度の表れという側面も合わせもつ。また、職業に対する誇りや自信、同時にライブラリアンとしてどうありたいかという気概を映しだす鏡のようなもの。いわば自分が何者であるかを示すビジュアル版名刺ともいえる。

ビジュアル版名刺の輝きは、利用者の期待度ときっと比例するだろう。数年前、評判のイタリアンレストランを訪れたとき、ある事で料理を食す前にそれへの期待は一瞬にして失望へと変わった。それはなぜか？ サーブする男性のエプロンが汚れていたから。その姿からは仕事への愛情やプロとしての誇りが感じられず、料理への期待もしぼんでしまったのだ。だから情報を扱うライブラリアンとして、知的で友好的な雰囲気をアピールすることは実はとっても重要。そのためのスタイリングである。野暮ったい印象をもたれたらファーストコンタクトでのロスは大きい。自身も情報の一部ととらえて、意識的な印象操作をすることで世界観やビジョンを表すことは必要なことだといえる。そう考えればスタイリングも敬遠せずに取り入れられるのではないかしら。人気の海外ドラマ「ＳＵＩＴＳ／スーツ」の登場人物のように、自信に満ち溢れた雰囲気と最大限の自己アピール力をファッションからも態度からも醸し出す努力、ライブラリアンにも必要なようである。

〝知を体現する〟アドベンチャーワールドへようこそ！

インターネットやケータイの弊害か、イマドキの学生は思考がフラットだなと思うことが度々ある。学問の世界でも、例えば大学の授業形態の場合、基礎教養を修得してからの専門的学びがあり、総論があっての各論、概論があっての演習と、段階的または階層的にステップを踏んで学びのスタイルが形成されている。また、図書館で言えば、まさに図書の分類が階層的であり、日本十進分類法の場合、「宗教」の下に「神道」「仏教」「キリスト教」があり、「仏教」の下にそれぞれの教理・哲学や各宗がきて、「各宗」の下に浄土宗や曹洞宗などが位置付けられているという具合だ。分類自体が学問的階層世界を象徴しているといっていいだろう。しかし、イマドキの学生にとってそもそも階層の概念が曖昧なようで、尻切れトンボに物事があちこちに点在するかのように思っているフシがある。コンビニやスーパーの陳列棚のように、ただ配置の問題と考えているのだろうか、図書館でも分類を理解するというよりも〝数字〟の配置を覚えて、それを頼りに本を見つける、あるいは配架しているように見受けられる。つまり、学問しかり物事の関連性について深く考える、想像するという感覚が希薄なようだ。なぜこのような思考になってしまったのか？ 少し考えてみよう。

『学問のしくみ事典』を参考にすると、学問の歴史的流れや関連性を俯瞰的に見ることができる。例えば「社会学」を見ると、「文化」「人間」「地域社会」「産業活動」がその対象であり、その下にそれぞれの専門が発展し、「歴史社会学」「社会福祉学」「観光学」であったりとそれぞれ独立の分野を形成しながら、それらのパイプが縦横無尽に走り関連性を深めつつ広めつつ「社会学」という分野を階層的に広汎に、そして立体的に構築している。

今度は分類を見てみよう。「古人が言うように、書物はその時の全世界を取り込んでいる。図書館は、全世界を取り込んでいる書物を取り込んでいる。つまり、図書館は世界そのものである。世界そのものは、いつでも混沌とし、競合し、複合し、自在に変幻する知の融合である。」と、『日本十進分類法』（本表・補助表編　新訂10版）のはしがきである。そして、本来仕分けられない知の融合を、書物を扱う図書館は仕分けることによって、世界の知を体系的に体現することができると。感動的なメッセージである。つまり「知を体系的に体現する」ところが図書館である。

このように図書館の資料もただ思いつきで並んでいる訳ではない。これを念頭にツタヤ図書館の分類を考えるとき、書店分類をベースとした独自分類は、一見親切そうに見えるが、利用者を消費者というフィルター越しに覗いているようで、「学びたい」という個人の本質的な欲求を満たしていないように思う。やはり図書館は学問的世界を体現する場でなくてはならないと思うし、学問と図書館は近い存在であるべきだと思う。

さて『子どものまま中年化する若者たち』によると、現代の児童・青年は統合能力や主体性の低下、コミュニケーション能力の低下、規範意識の薄れなどが調査や臨床から見て取れると言う。これらにはSNSやバーチャルな世界との日常的なつながりも影響しているらしく、どうしても思考や感情がフラットになりがちな要因が周りに溢れている。フラットな世界観を作った大きな要因は、やはりインターネットと言えるだろう。例えば紙の新聞は見出しがあってその字の大きさなどで、ことの重要性が一目瞭然、自ずと階層がわかる。デジタル新聞は芸能も政治や国際トピックスもフラットに目に飛び込んでくる。これが長いこと脳にすり込まれる影響を考えると恐ろしい。

フラットな世界に慣れてしまうと、物事の構造や関連性など体系的に理解することの重要性さえも見失う。こんな時だからこそ、図書館を体験することで、知を体系的に立体的に感じてほしいと思う。図書館案内図は知の案内図と心得て、端から端まで体系的な知の世界に分け入ってほしい。そして、沼地に足を取られたなら、それは広くて深い知的探索というアドベンチャーの始まりである。「そうだ、今日は図書館へ行こう！」

営業さんの覚書

私には苦手なことがある。それは人の顔と名前を覚えること。社会人として言い訳の出来ない状況に心が折れることもあるが、開き直るとしょうがないのですよ、だって苦手なんだから。そんな訳で図書館にみえる営業さんの顔と名前を覚えるのに四苦八苦。後日いただいた名刺を眺めながら「○○さん、どんな風貌してたっけ?」となる。特に雑誌担当になるとＥＪ（電子ジャーナル）などの電子資料を扱うので、出版関係の人とのやり取りが多くなる。しかも、外資系の出版関係者は、頻繁な異動や同業界の他社に再就職するケースもあるため、さらなる受難が待っている。リアル神経衰弱ゲームといった有様である。

ある時、とてもダンディーな外資系出版社の営業さんがやってきた。細身のスーツに靴も時計もオシャレで着こなしも洗練された様子。トークもそつが無くスマートで、人を魅了する術を知っているといった大人な感じ。さすが外資系！「まさに、ＬＥＯＮ系男子って感じだったよねー」と同僚と盛り上がり、「そうだ、雑誌のタイプで営業さん覚えればいいんだ！」と開眼したのである。ナイスワタシ！これでいばらの道もバラ色になるはず、ルンルンである。

「今がまさに働き盛り、俺は一定の成功を収めたと思うし、まだまだ上に行きたい。ただ……彼女か奥さんが欲しい……。」、雑誌を擬人化した『雑誌の人格』（能町みね子著）の登場人物〝ＬＥＯＮさん〟が、ベルギービール片手にソファーでくつろぎながら漏らした心の叫びである。雑誌『ＬＥＯＮ』は「ちょい不良《ワル》オヤジ」の生みの親、若者にはない落ち着きとほどほどの蓄えがある大人の男性向け雑誌として君臨する。ちょいワルというか、その雰囲気を醸し出すも、実はとても真面目だろうと推測できるあのＬＥＯＮ系の営業さん。一緒に仕事をしたら、失敗も優しくフォローしてくれる姿が目に浮かぶ。大人の余裕ってピンチの時にこそ試されるんですよね、ＬＥＯＮさん。

少し長めの髪、口数のあまり多くないシャイなあの営業さん、きっとパソコン好きに違いない！『日経ソフトウェア』愛読してますよね？『日経ソフトウェア』は、ソフト開発とプログラミングのための実用的な情報誌。休日には部屋で一人、『日経ソフトウェア』片手に酒をチビチビ、パソコンをいじりながら静かにほくそ笑む。と、私の妄想は膨らむばかり。

ある外資系出版社の女性。キツメの香水、タイトスカート、ハイヒール、それに重ねづけゴールドアクセ、おぉ図書館界にはあまり生息していないGLOW系女子。「大人可愛い」を目標に、自分磨きに余念がなく、ポジティブ＆パワフルで女子力高めなのが『GLOW』系女子の特徴。彼女たちの説明を聞いているとき、そのパワーと自信に圧倒されて、話の内容ほとんど覚えていません！　でも、あの自信少し分けて欲しいな。

他には、オーシャンズ系とか釣り系とか想像の翼はバサバサと勢いよくはためくのである。そのうるさいぐらいのはためきを相手に悟られないように、いただいた資料を真剣な面持ちで眺めるフリ？をしながら、名刺に〝ホビー系〟とそっと書き込む日々である。

図書館女子のメランコリー　その1
―ガラスの天井のシンデレラ―

看護師、パティシエール、医師、保育士。これらは、女子児童の将来なりたい職業ランキング2019年の上位（日本FP協会調べ）4つ。司書は残念ながらランク外。同様に中学、高校と女子のなりたい職業ランキング上位にも司書は見当たらない。ということは、彼女たちの眼にはイケている職業とは映っていないのか。もしかすると、司書という職業すら認知されていない可能性がある。マジですか……、なんだかとっても悲しい現実。

この現実とは裏腹に、図書館は女性の多い職場である。なんと公共図書館における女性の司書の割合は88・4％にのぼる。(注1)大学図書館も女性が多い職場である状況は同様で、図書館界はほぼフェミニジア状態といえる。『フェミニジア』とは、様々な要因により国の構成員がすべて女性、そこにタイプの違う3人の男性が迷い込むという小説である。女性が多数のフェミニジア的図書館界において、組織を牽引すべきトップのほとんどが男性という事実、そこにはどんな物語がつむがれるのだろうか。

公共図書館における館長・分館長（専任・兼任・非常勤・指定管理者の合計）で見る男女比の割合は、男性73・5％、女性26・4％と圧倒的に男性が多い。(注2)また、S県におけるキャリア形成に関する図書館員数の実態調査によると、大学図書館における女性の正規職員が約54％であるのに対して、役職者は34％であるとの報告がある。(注3)圧倒的多数の女性を、少数派の男性が指揮するというアンビバレントな状況は、不安定な労働環境や複雑な人間関係を作り出す。昇格や昇進は自身の能力を示す指標であり、さらなる高い目標設定へのモチベーションともなり得る。それは図書館運営にも影響し、より魅力的な場を作り出す原動力となるはずだが。

専門的知識や様々な経験を積んだとしてもそれらが評価の対象とすらならない状況は、仕事に対する態度や図書館運営にも悪影響を及ぼしかねないという負のスパイラルを含んでいる。実際認定司書の6割以上が女性であり（2018年4月1日現在）、事業評価の重要性が叫ばれる昨今、誰が何をどのように評価するのか虫食い状態の評価であれば、そもそも評価の意味なんてあるのだろうか。

友人いわく、「仕事はpunishmentだよ」と。punishmentとは罰という意味。一瞬なるほどと納得したが地獄や煉獄を連想し、いやいや仕事はもっと創造的で自由で自身の成長と結びついていいはずでしょ？と思う。女性も男性と同等に評価されて、もっともっと羽ばたきたいのですよ！それって当然のことでしょ？ガラスの天井のシンデレラは、映画「エバー・アフター」の主人公のように、ガラスの天井を突き破り、ガラスの靴も必要としない、自らの力で自らの道を切りひらく開拓者として、新たなヒロイン像を突き進みたいと切に願うのである。

（注1）文部科学省　平成27年度社会教育調査より

（注2）同右

（注3）埼玉県内における図書館員数の実態調査報告　日本教育情報学会第31回年会　2015.8

図書館女子のメランコリー　その2
―ロスジェネ図書館女子という受難―

いわゆるロスジェネ＝ロストジェネレーションと呼ばれる世代にドンピシャで当てはまる1970年～82年の間に生まれた約2000万人の一人である私。第二次ベビーブームの昭和生まれ、平成に青春をむかえ、バブル崩壊後の超氷河期に就職活動が重なった受難の世代。〝努力〟〝気合い〟〝やる気〟ですべてを突破できると信じられていた昭和イズムが色濃く残る社会に放り出され、あるものは溺れ、あるものは船にしがみつき、あるものは自力で島を目指したが、派遣や契約社員といった不安定な雇用を余儀なくされ（政府もやっと対策に乗り出したようだが）、置いてけぼりにされた世代である。

さて、不安定な世相を反映して非正規雇用が増える状況、図書館界においてそれは顕著である。公共図書館における非正規雇用職員の割合は70％、(注1)その要因の一つは女性が多い職場ということも関係しているだろう。そして、ロスジェネ世代の約2000万人のおよそ4分の1が非正規雇用で、女性に至ってはその割合は75％を超える。(注2)ロスジェネ世代×図書館女子の受難！数字にすると恐ろしい。女性の非正規問題は男性の場合よりも個人の選択と見なされ、深刻な問題として扱われてこなかった。ではこの世代が際立って怠け者だってこと？待ったマッタ！努力しても報われなかった私たちロスジェネ図書館女子の実態を少しご紹介しましょう。

A子さんの場合。大学卒業と同時にアルバイトで大学図書館に1年間勤務。次に学芸員と司書資格を活かせる県の美術館へ嘱託として転職。在職中は絵本原画の仕事や展覧会の図録の編集などにもたずさわるが、労働契約上5年で退職、その後市博物館の派遣社員として勤務。休日を派遣同士がじゃんけんで決めるなど、ちょっとブラックな様子。ここも労働契約上1年で退職、その後国立法人の大学図書館へ就職し、ＥＪ等に係わる仕事に従事するも、こちらも労働契約上3年で辞めざるを得ない状況に。と、現在は別の大学図書館に勤務、こちらでは無事に正規雇用となる。

B子さんの場合。A子さんよりも軽傷な例。大学卒業後から20年以上同じ大学図書館で勤務するも、アルバイト2年、その後嘱託になるものの嘱託期間は10年を超え、30代半ばでやっと正規雇用となる。が、それと同時に学内異動。嘱託期間中、彼女よりあとに就職した男性がさっさと正規雇用となっていくのを横目に、司書としてのスキルアップのため研修や勉強会などにも積極的に参加するが、なかなか正規雇用とはならなかった。その後めでたく図書館へ異動となり、現在はイベント等を企画するなど比較的自由に働いている。

必死に走ってきた。20代はどうにかつかんだ仕事をこなすので精一杯。それなりに認められるようになったのが30代で、徐々に責任ある仕事も任され、仕事の面白さも分かるようになり、やっと息がつけると思ったら40代。『非正規・単身・アラフォー女性』でも、同じようなコメントを、婚活してやっと見つけた彼氏とラブラブな美人の45歳華子さんも言っていた。この世代の女性ってシングルも多いのだ。前述のA子さん、B子さんもシングル、そして私も。結婚

しないと決めている訳ではないけれど、時代の波に翻弄され、自分の居場所を確立することがプライオリティとなっていたのかもしれないと思う。

しかし、最近ロスジェネ図書館女子×シングルに最大の朗報がもたらされた。NHKが独自に開発した人工知能「AIひろし」のデータ分析による健康寿命を延ばすための提言、「運動よりも食事よりも、読書が大事」&「子どもと暮らすな、ひとりで暮らせ」というものである。まさにドンピシャ。いままで背負ってきた負の遺産を一気に取り戻す絶好のチャンス！ 私たちの未来は明るいのである、きっと。信じてますよ、ひろしくん！

（注1）日本図書館協会『日本の図書館』2018

（注2）総務省統計局　労働力調査トピックスNo.21「35〜44歳」世代の就業状況

宇宙スケールの出会いをあなたに

―運試し！「ベストセラー　ロト4」―

「当たるも八卦《はっけ》、当たらぬも八卦」

占いは当たることもあればはずれることもあるから、占いの吉凶はあまり気にするなといった意味のことわざだが、もともと『易経』の一節に端を発する。「易に太極あり」から始まる『易経』の中の言葉は、太極は「易」の生成論において陰陽思想と結合して宇宙の根源として重視される概念である。この概念を図案化した書物が「太極図」であり、中国北宋時代の周敦頤《しゅうとんい》が記した『太極図説』は、「太極図」とこの図の説明からなっており、宇宙生成の理を明らかにしたものである。筆者の勤務先東北福祉大学図書館にも文化8（1811）

年に仙台藩の藩校養賢堂《ようけんどう》から刊行された『太極図一巻太極図説一巻』1冊が所蔵されている。これに朱子学を大成した朱熹《しゅき》が注を付け、江戸時代中・後期の仙台藩儒であり、後に養賢堂の学頭となった大槻清準《おおつきせいじゅん》が漢文に点を付したものである。

さて、八卦の卦《け》は爻《こう》と呼ばれる記号を3つ組み合わせることによってできたもので、爻は⚊陽と⚋陰の2種類あり、これらの組合せにより八卦となる。卦の形はさまざまな事物事象を表しているとされ、自然や動物、方位などに当てて運勢や吉凶を占うときに使われることが多い。占いは、中国、日本を問わず古来より政や生活と密接にかかわってきた。そう、現代の私たちにとっても、時としてそれは人生の方向性をソフトに示してくれる羅針盤ともスパイスともなるものである。

「ベストセラー　ロト4」は、宝くじのロトに発想を得て考案された、読書のための〝くじ占い〟で、「本は読みたいんだけど、何を読んだらいいかわからない」という読書難民の学生にむけて作られた本学図書館オリジナル数字選択式読書くじである。

図書館所蔵の資料1冊ごとに付与される10桁の管理番号を利用して、

「400000・・・・」から始まる「ベストセラー」を対象とした読書くじ占いロト４。「ベストセラー」は、アカデミックな資料というよりも、各文学賞の受賞作品や学生のあいだで話題となっているテーマの作品などを集めた比較的軽い読み物のコーナーで、読書の愉しみを味わってもらうべく設置された本学図書館独自のもの。

　では、「ベストセラー　ロト４」を体験してみましょう。まず「400000」以下の４桁の数字を自由に選んでロトを作成。例えば「4000004221」とこんな感じ。次にこのロトをドキドキしながらＯＰＡＣ（オンライン閲覧目録）に入力し、ヒットするかの運試し。「4000004221」……、めでたく『蜜蜂と遠雷』にヒット！　ベストセラーコーナーでこの本を手にしたら、さぁ読書の時間があなたを待っている。残念なことにロトがヒットしなかったら、振りだしに戻ってもう一度「ベストセラー　ロト４」を完成させて、再び運試しのスタート。何回でも好きなだけ占ってＯＫ、こんな仕掛けである。

　「ベストセラー　ロト４」は同僚のＨ氏により開発され、このアイディアに私たち図書館員がまずノックアウト！　アイディアもさることながら、工作のク

オリティの高さに驚かされるのである。これとは別に、近年新春の展示イベントとして、「ぷく袋」（図書館キャラクター「ぷくてん」と福袋を掛け合わせた造語）を開催、中身の見えない演出で本と人との偶然の出会いが生み出す思いがけない化学反応が期待できるというものである。

日常に占いの要素を取り入れることで、非日常感と他力に身を任せ、セレンディピティ的幸運な衝撃が生まれる、案外素敵な毎日が送れるかもしれない。占いによって自らも宇宙の一部となることで、宇宙生成の磁場を感じ、自らの宇宙を形成する「占い × 読書」は無限の広がりを秘めているのである。

〈番外編〉アゲアゲ！ 〝B〟フェスへの誘い

近頃、仏教界は熱いようだ。法話を聞いて一番会いたくなった僧侶に投票する「H-1グランプリ」の初開催や、テクノ音楽に傾倒した浄土真宗僧侶による「テクノ法要」、仏教をネタにした僧侶のお笑いコンビの台頭など、トンデモな切り口での布教活動のモデルが立ち上がっている。

私の所属する大学は、曹洞宗専門学支校として創立されたという歴史があるため、学生のカリキュラムには「禅のこころ」という科目がある。学内にある坐禅堂で坐禅を組み、説法を聞き仏教の精神を学ぶこと、また自らを省みるという貴い時間を大学生という多感な時期に経験することになるが、必修であるため、この単位を取得しないと卒業できない。また、教職員対象に、宗門研修という1泊2日のプチ修行体験のような行事があり、本山である永平寺や総持寺で坐禅を組み、掃除などの作務を行うという厳しい!? 修行を通して、大学の構成員としての忍耐力を学ぶのである（たぶん）。その他に、お釈迦様の誕生日を祝う4月の「降誕会」や2月の「涅槃会《ねはんえ》」など年間を通して仏教行事があり、仏様が身近なものとして存在する環境にある。

さて、こういった環境に身を置いていることもあり、図書館でも「禅」にスポットを当てた展示企画や『高野山の宿坊公式ガイドBOOK』や『プチ修行できるお寺めぐり』などの体験系の仏教関連資料の収集も行っているが、私には秘かなる野望がある。それは、「〝B〟フェス」の開催である。〝B〟とはBOUZU（坊主）の頭文字、〝B〟フェスとは「宗派を超えた仏教の、宗教者（BOUZU）による、私たちみんなのための、楽しいフェスティバル」のことである。〝B〟フェスどうでしょうか、ワクワクしてきませんか?

さて、〝B〟フェスの内容を見ていきましょう。

まず、みうらじゅんの『アウトドア般若心経』にちなんだ企画が一つ。このアイディアは、街の中から般若心経の文字を一つ一つ拾って般若心経を編むというもので、みうらじゅん曰く、「外にでて般若心経と向き合うわけだから、まさに『出家』である」と。なるほど、なるほど。ということから、図書館で般若心経を編もう！企画、「In Library 般若心経」。その2、肉や魚を使わずに決められた食材で創造的な料理を作って躰の中も清めましょうという、ダイエットにも効果がありそうな、ザ・精進料理対決。その3、「お前も死ぬぞ」など衝撃的な一言を切り取った『お寺の掲示板』から発想を得た企画。掲示板の文言を5分で解説し、3分程度の質問タイムの後に一番心に残った文言に一票を投じる、掲示-BAN バトル。

その4、坐禅の達磨にちなんだ巨大だまる落とし、その5、メインとなるステージ企画では、盛り上がること間違いなしの各宗派の精鋭による法要ライブ。その6、パネル企画として「図解あの世までの道のり」などなど、夢は広がるばかり。きっと、五臓六腑に沁みわたる、極楽浄土が望めるありがたいフェスになるはずである。オリンピックより平和な祭典になるような気がしないだろうか？

日々こんなことを夢想して過ごしている。「果報は寝て待て」は、「良い結果を求めるには焦ってはいけない、待っていれば自然とやってくる」（『気になる仏教語辞典』）という意味のことわざで、仏教の因果応報の教えを表している。だから、いつかお釈迦様のお導きがあるかもしれないことを信じて、それまで「〝B〟フェス」は、新たな企画を練りながら私の中で大事にあたためておくことにしよう。

パートⅡ❖魔女っ子司書の読書感想文
～ブックレビュー編～

▽時をはこぶ舟

『図書館 愛書家の楽園』
（アルベルト・マングェル著　野中邦子訳　白水社　２００８）

あらゆる図書館をあらゆる角度から考察した壮大な冒険物語である。ここに含まれる図書館とは、「世界じゅうのあらゆる人びとの手になるすべての本」を集めようとした古代のアレクサンドリア図書館やミケランジェロが設計したラウレンツィアーナ図書館、「魔術師の息づかい」と評されたアビ・ヴァールブルクのコレクションからなるヴァールブルク図書館、あるいは愛書家サー・ロバート・コットンの蔵書やコロンビアのロバ図書館、『海底二万里』のネモ船長の空想の書斎までもがその対象となる。電子メディアであるグーグル・プ

ロジェクトやプロジェクト・グーデンベルクもしかり。そして、目録、分類、設計、空間、属性、精神といった考えうる限りのアイディアで図書館を物語る。

心のあり方としての図書館、そこはヴァールブルク図書館が舞台となる。ヴァールブルクにとって図書館は「有機物としての記憶」であった。彼はドイツの美術史家で、ハンブルク大学でも教鞭をとった人物だが、不安と憂鬱症の発作があり、本に安らぎの世界を求めた。思春期のころから収集し始めた蔵書は哲学書、占星術、民俗学、芸術、宗教など多岐に渡り、その分類はヴァールブルクの複雑な思考空間を完璧に再現するために配置され、彼の思考のタペストリーを編み上げるための私的な空間でもあった。様々な情報を含む本の集合体としての図書館は、ヴァールブルクの精神そのものであり、彼を形づくる細胞のユニットであった。

インターネット関連のサービスを提供するグーグルは、２００４年世界を代表する図書館、ハーヴァード大学図書館、ボードリアン図書館、スタンフォード大学図書館、ニューヨーク公共図書館と提携して、蔵書の一部をスキャンし、研究者がそれらをオンラインで読めるようにするという計画を発表した。しかし、グーグルはこのプロジェクトを2005年7月に断念した。その後、「ワールド・デジタル・ライブラリー」やペルセウス電子図書館など資料の電子化が進行しており、この無限の可能性を秘めたアイディアは、人類の記憶の蓄積に大きく貢献することは間違いない。しかし、この挑戦はどこかバベルの塔の顛末を思い起こさせるのである。

バベルの塔の物語は、図書館というものの二面性を示唆しているようにも思われる。天まで届く塔を建てようとした人類は、神の怒りをかい言語をバラバラにさせられ大事業は失敗に終わったが、ブリューゲルの「バベルの塔」に見るように、この試みは宇宙の統合を求める人類の成果のシンボルとして、あるいは神をも顧みない人類の野望のシンボルとしてそびえ立つ。過去・現在・未来の世界中の人類の知を収集しようとする図書館というアイディアは、人類の野望という意味でバベルの塔と同様の危険性を孕みながら、一方知の集合体の構築と継承を試みる人類の挑戦という両義性を持っているように思う。

「読書は再生の儀式」と著者は言うが、そうであるならば過去の知から破壊と再生とを繰り返し、常に新たなアイディアが生まれるその過程を本が担うならば、図書館は世界そのものということがいえるだろう。変わりゆく時代を水面に映しながら、静かに時を刻みつつ揺れる舟のように、人類の野望と希望を乗せた〝楽園〟は存在する。

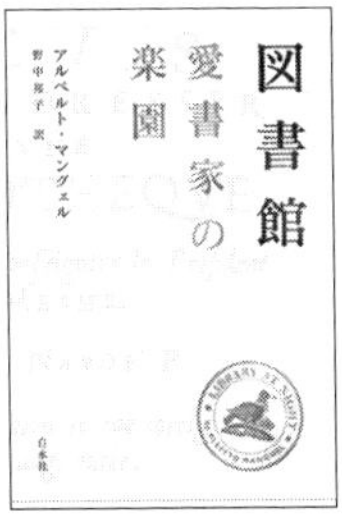

白水社 刊

▽心の伏流水

『〈死者／生者〉論 ―傾聴・鎮魂・翻訳―』
（鈴木岩弓・磯前順一・佐藤弘夫編　ぺりかん社　２０１８）

震災後、言葉にならない悶々とした思いがあった。私は福島県の県北出身、福島第一原発からは比較的遠距離であったが、友人は子どもを連れて県外に避難し、フクシマ出身ということで婚約を破棄された友だちの友だちの話を聞いた。そう、被災地やその周辺地域の人々、その家族といった、いわば当事者や当事者に近しい人たちにとって、個別的問題の差異も相まって、震災を冷静に伝えるための的確な言葉、言語をもっていなかった。つまり凄まじく過酷な経験から発せられる、感情に突き動かされる各々の声しかもっていなかった。そ

の声は、その場限りの一過性で局地的な現象として、被災地以外の第三者には届かないのではないか、3月11日の震災という経験を歴史の一部として教訓として語ることがはたして出来るのだろうかと。しかしこの本により、被災地の経験を戦後の見直しや世界的な課題として、新たな意味を与えるジャーナリストや宗教者、研究者、ケア従事者など表現者の存在によって再生のヒントを見たのである。

「臨床宗教師」の試みは、被災地を回る傾聴喫茶「カフェ・ド・モンク」で行われた。ケーキやコーヒーを携えた宗教者が、集まった人々の相談や悩みを傾聴し、宗教者の体験や祈り、儀式を通してケアをするというもの。多くの死者や行方不明者を出した被災地において、「この世」と「あの世」を行き来できるような回路を開くことが「癒し」につながり、対話の相手が宗教者であることの独特の意味が際立つ。終末期医療や心のケアに宗教を介在させようとする動きもあり、死や死者にまつわる思いが問題となるとき、言語化できない思いを翻訳し、癒しの回路をつくる、「臨床宗教師」の役割が注目される。

明治期に多く描かれた岩手県遠野市の「供養絵額」や山形県村山地方の「ム

カサリ絵馬」には、東北に根付く死者とのゆるやかな連続性と重なりの歴史をみる。死が生と明確に分離され排除されようとする現代にあって、本格的な復興の着手に先駆けて多くの地域の住民が行ったのは、神学や鹿踊りなどの民俗芸能の復活、神事と祭礼の再開だった。儀式を通してカミやホトケと対話する、神事や祭礼のそういった機能が、通常の社会システムが機能不全となり、寄る辺のない状況に追い込まれたとき、〝みずからの立脚する地平〟を見えないもののとのつながりに見出したのである。

「死者」とは、災害や戦争で身体的に死亡した人間を指すだけではなく、人権や主権をはく奪された社会的死者、精神を破壊された精神的死者、様々なかたちで死者は社会の周辺に存在すると、編者である磯前氏はいう。死者のざわめきに耳を傾け、まなざしをたどることとは、災害にとどまらず、資本主義社会における犠牲のシステムに目を向けることでもある。死者の声の奥底にある、私たちが排除してきた彼らの本当の願いを聞き届けるための様々な分野の「翻訳」という理論や技術が、東日本大震災の経験を超えて、未来を共に語るための新たな言語となることが期待される。そして、死者と生者、不可視と可視、ないとあるという分断された限られた世界を、「翻訳」がつなぐことによって多種多様なものが息づく豊かな大地へと再生させることができるかもしれない。

ぺりかん社 刊

▽セ・ラヴィな街角

『パリのすてきなおじさん』
（金井 真紀 文・絵　広岡 裕児 案内　柏書房　２０１７）

映画「彼女を見ればわかること」は５人の女性の物語である。『百年の孤独』の著者ガルシア・マルケスの息子、ロドリゴ・ガルシアの監督作品である。重い病を患う恋人を看病するレズビアンの話、母の介護と年下の医師への恋心を描く初老の女医の話、彼女たちの幸不幸のコントラストが激しいほどにその存在は透明度を増していく。

さて、この本の舞台は花の都パリ、主役は男性それもおじさんである。パリの街角、著者の金井さんは〝おじさん採集〟を敢行し、彼らの人生を丁寧

に〝標本〟にまとめたのである。パリのおじさんといったらオシャレの代名詞。首に巻かれたスカーフ、磨かれた靴、カフェのテラスでは今日のディナーに合うワインを思案したりして。しかし、その柔らかな笑顔の裏には、それぞれの人生ドラマが潜んでいる。一見「おじさんを見てもわからないこと」なのだが、その色彩はバラエティに富み、ユーモアに溢れそして心に響いた。

　亡き妹を偲ぶために画家になった元ピアニストのおじさん、「芸術は経済に蹂躙《じゅうりん》された。こんなことを始めたのはピカソだ」と実直に真摯に絵に向き合い続けるモンマルトルの老画家。人生の大半をパリの地下に費やす〝永遠の25歳〟の男性。御歳92歳、馬を愛し毎日背広で競馬場に通うアルジェリア出身の元警官。出稼ぎのためパリに来て36年、ずっと家族と離れて暮らしこれからもパリで生きていくと公言するマリ出身のおじさん。それからミシュラン星付きレストランのシェフやカツラ屋さん、大衆紙「パリジャン」の記者など、そこには職種も人種もバックグラウンドも異にするおじさんたちの物語があった。

　「それぞれのワインにはその澱《おり》がある」、何事にもそれぞれ不都合な点はあるものだという意味のフランスのことわざ。人生には不条理で納得のいかない事

柏書房 刊

象はあるけれど、その〝澱〟も人生の一部と静かに呑みこむ。そして生きる意味を問いながら、自らの中で熟成するのをゆっくり待つという処し方、孤高の旋律が聞こえてくるようだ。

喜びと哀しみが交差するパリの街角。通訳兼案内役の広岡おじさん、パリに40年以上在住するジャーナリストである。彼も著者の採集の対象、ギャンブルをしない人間は信用できない！とのこと。ギャンブルをしない人は、人生の勝負どころがわからないからだそうだが、なるほどである。悦びには悦びの味、孤独には孤独の味、どちらも人生の妙味、ワインは渋味や酸味によってそれぞれの個性が際立つように、人生の酸いも甘いも熟成されて芳醇な味わいになっていく。そう、孤独には人を癒す朗らかな味わいが内包されているように思う。その味わいは不思議と私たちを安心させてくれる、「これでいいんだよっ」て。さぁ今日はどのワインにしましょうか。

参考資料
『世界のことわざ大事典』柴田武・谷川俊太郎・矢川澄子編　大修館書店　1995

▽翼を、つばさをください

『現代社会用語集』
（入江公康著　新評論　2018）

「疲労」とは、「生理現象。肉体的な疲れであれば、筋肉中に乳酸がたまる。頭が疲れれば、脳が酸欠をおこし、ブドウ糖を欲する。なにもかもが重くなること。内観的には、硬くひび割れ、枯渇し、干からびてしまう状態であるかのようにもみえる。意志がそうしようと意図するところのものを、そのようにはできなくなってしまう状態。体が動かない、頭が働かないなど。それゆえにひとは疲れるとニヒリストになる。」そうです、これが「疲労」です！、体感を伴う的確な表現に思わずブラボー！　ちなみに、同じ言葉を『広

辞苑』でひろうと、「①つかれること。②くたびれること」と、なんとも疲労感が伝わらない、無機質な感じ。まぁ、辞書や用語集にもそれぞれの目的があるから、ただ比較するのも難しいところはあるのですが。

『現代社会用語集』は、「あたりまえ」という社会の自明性を疑うための、思考の冒険を促すことを目的として編まれた用語集で、大学講師である著者の入江氏が「学生のために」と単独でまとめたものである。148のキーワードを、「ことば」「ひと」「出来事」「シネマ」のジャンルに分けて、物事を斜めから、あるいは裏側から、あるいは真下からと、冒険の醍醐味を示唆するつくりになっている。さて、用語解説の最後には、参照するとさらに思考を深められるワードが掲載されていて、「疲労」の場合、「怠惰」、「フォーディズム／ポストフォーディズム」がある。「怠惰」を要約すると、現在は悪徳とされる「怠惰」だが、中世においては空想したりぼんやりしたりすることは人間の生にとって不可欠な創造的な時間であり美徳であったと。資本主義精神が「怠惰」を悪にしたが、自由な空想のためにさぁ怠けよう！と呼びかけて終わっている。ビバ！怠惰！

2015年文部科学省が国立大学の理系強化のため、人文系学部や大学院の規模縮小を提案、いわゆる「文学部不要論」が勃発した。成長戦略だそうだが、経済活動つまりおカネに直結しないものはみな不要とは、ちょっと乱暴すぎませんか、文科省さん。自由な空想も創造も人間も縮小しますよ！

「詩人」、「神話をつくる人のこと、つくれる人」。詩はもともと誦され、人に音として聴かれたものであり、人の心の中にそれまでになかった新たな情動や感情の効果をもたらした。言葉のこの錬金術的な効果が、現代秩序を保持しようとする側にとっては脅威である。だから、「詩の言葉は現にそこにあるものを破壊するのである」と。なるほど、「詩人」を作らないための、ノー思考人間化のための「文学部不要論」か。ほ〜ら、「コンビニ人間」の出来上がり！

「ウィリアム・モリス」的生活、生活が芸術であり、芸術が生活であるような表現にはげむ生活に目覚めるとき、それは社会の自明性に疑問を抱く瞬間であり、社会の「外部」へ飛び立つ翼となる。こんなふうに数々の新たなアイディアの種が詰まっている用語集なのだ。思考の旅に出ること＝自由を手にすること、心のままに自由な思考を！そんな空想的、創造的時間が人間の可能性を広げ、世界の平和を創造すると私は信じている。

現代社会用語集
Kleines Wörterbuch für unsere Zeit
入江公康
148のキーワードを手に
思考の冒険にでかけよう
超人気講義　ついに書籍化！

新評論 刊

▽Born to be Wild!

『女たちのテロル』
（ブレイディみかこ著　岩波書店　２０１９）

３つの荒ぶる魂が地を這いずり、うねりとなって上昇し、猛烈な竜巻のごときエネルギーを発散し地を揺るがす。それが彼女たちにとっての〝生〟のうごめきなのだ。精神の飢え、闘い、そして挫折。あがき苦しみ、自らの命を炎々と燃やし尽くした３人の女性の痛々しいほどの執念が、そこに確かにあった。１００年前のほぼ同時代に生きたそれぞれの壮絶な生き様が、言葉をもって絡み合い、呼応するかのように描かれている。求めていたものは違っても、〝思うがままに生きる〟という点では酷似している３人。信念を貫かん

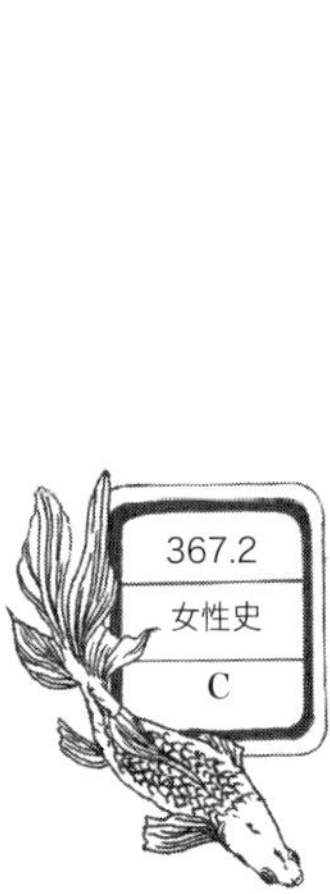

とすると、人生とはこうも困難を極め、猛獣が襲い掛かってくるかの如く悪夢となるものか。

金子文子は不甲斐ない父と無力な母ゆえに戸籍さえも与えられず、親族の間を利用価値という名目だけで行ったり来たり、常に虐待や貧困の犠牲者であった。伊藤野枝や大杉栄のように、関東大震災の混乱のさなか正当な理由なく恋人の朴烈と共に投獄され、裁判にかけられ、そしてついには自ら命を絶つのである。彼女はその壮絶な歩みから何者にも属することを望まず、真の虚無主義者であった。著者いわく、「思想を経験と心情から読解していく凄み」を彼女に見るのである。野性的感覚で会得した確固たるひらめきは、あらゆる机上の思想における偽善や欺瞞も瞬時にあぶり出し、一撃でけたおすのである。あやふやなアナキストもフェミニストも、カトリック教徒さえ彼女を前にすると裸足で逃げ出すようだ。

「マッド・エミリー」は、英国において女性参政権獲得のために過激な運動を行ったサフラジェットの一員であった。放火や暴行など目的のためには〝マッド〟と化し、生涯で9度も刑務所に送られるが、その刑務所の中でも凄まじい自殺未遂を敢行する。しかし、「北風と太陽」の物語のごとく、激しく吹き上げる彼女の訴えに状況が好転するどころか仲間さえも彼女を見離し、彼女の奥底からの生と性の訴えは受け入れられることはなかったのである。彼女は何のために戦ったのだろうか？ 自分のため、女性のため、英国のため？ きっと本人にもわからなかったのではないだろうか。何かに突き動かされ、生き急ぐかのように自らの命を閉じたマッド・エミリーの安息は、永遠の眠りだけだったのかもしれない。

英国からの独立を計りアイルランドで起こったイースター蜂起では、軍服に身をつつんだ凄腕のスナイパー、マーガレット・スキニダーがいた。この戦いで唯一負傷した女戦士であった。エミリーの死から5年後、英国で初めて女性参政権が認められた1918年の総選挙において、英国初の女性国会議員となるのはマーガレットの〝姉〟であり同志であったマルキエビッチ伯爵夫人であったという事実は、奇妙なシスターフッドの功績だったとも言えるだろう。

怒れる3人のヒロインは、女性というバイアスを越え、既存の観念や型にはまった愛のあり様を越え、自分の信じるもののために臆することなく闘った。

「生きよ、活きよ！　我が人生を」そう叫ぶ３人の声が木魂《こだま》しているかのようである。彼女たちの鼓動は、生きづらさが蔓延し、閉塞感の漂う現代社会への力強いメッセージでもあり、喉元にナイフを突きつけるかの如く、生きる意味を私たちに問うているようでもある。

岩波書店 刊

▽「この世は舞台、建築も人のための舞台なのだ！」

『建築を気持ちで考える』
（堀部安嗣著　ＴＯＴＯ出版　２０１７）

２０２１年開催予定の東京オリンピック、そのメイン会場となる新国立競技場のデザインコンペ、ピスタチオ型の自転車用ヘルメットを思わせる流線形の弧を描くザハ・ハディド氏のデザインが当初選ばれた。斬新で近未来的ではあるが、実現不可能かと言われた設計。総工費の高騰の懸念からザハ氏のデザインは白紙撤回されたが、私たちのはるか頭上を通り過ぎたドタバタ劇は、競技者のためでも観戦者のためでもない建築家のためのデザイン、実

に乱暴で独りよがりな後味の悪い喜劇。建築の限界を超えるような建物、それは人間との友好的な共存を可能にするのだろうか。

〝建物VS人〟、悲劇と思われる構図が浮かんだ時、「情感」、「体温」、「寛容さ」と、心が洗われるような、まるで生きている何者かを表現するかのように建物を語る文章に出会った。その柔らかな表現は、建物と人が溶け合うように優しく、静かに身体に浸透していくような心地よさ。建築家である堀部安嗣氏は、建物は人と同様に呼吸し、過去と未来をつなぎ人に寄り添うものなのだと言う。建物はずっと昔から外敵や暑さ寒さから人間を守るために機能してきたという基本的な考え方、すなわち〝進化した人間の巣〟であり、建築にもそんな美の質を求めたいと語る著者からは、建物と人間の親密な共存の可能性が感じられた。

フランク・ロイド・ライトによるあの有名な滝の流れの中に佇む家、落水荘。音楽的だといわれるこの建物は、空間が広がったり縮まったりすること、音の抑揚やリズムが連動し、まるでシンフォニーを聞いているような感覚になるためこう呼ばれているらしい。ライトは、人の生活に不可欠な火・緑・水の存在を十二分に生かした建物を設計し、ゆえにライトの住宅はどこか人間の〝巣〟を感じさせる原初的な雰囲気をもっていると、著者はここに建物の有用性と普遍性をみるのである。また、スウェーデンの建築家エーリック・グンナール・アスプルンド設計の「ストックホルム市立図書館」、グルッと一周高い本棚に囲まれている空間は、人間の尊厳に満ちた世界の広がりと書架の高さとその上部の余白部分の空間が、人間にはまだまだこの先があり、この後も人間の叡智が集積されてゆくというアスプルンドの哲学が感じられ、人間への眼差しの大きさをみるのである。

建築を気持ちで考える建築家は、人の延長線上に建物を見ているようだ。あらゆる美への畏敬の念や人への限りない愛情と洞察力、歴史への深い理解などがベースにあり、建物への俯瞰的な視点と細部への執着のバランスが建築の大小に関わらず、完成度の高いそして人に心地よい〝巣〟になるということだろう。「世界は巨大な芸術作品でも、巨大なボイラー室でもない。（中略）そこに住まうものたちの行動のための舞台なのである。（五井健太郎訳）」と言ったのは、イギリスの建築家で建築批評家のロビン・エヴァンス（１９４４－１９９３）

である。建物はただのモノにあらず、情感や体温を宿した人間の可能性に寄り添った有機体であり、日常の美とも人間の劇場ともいえるものだろう。

参考図書
『住まいの基本を考える』堀部安嗣著　新潮社　2019

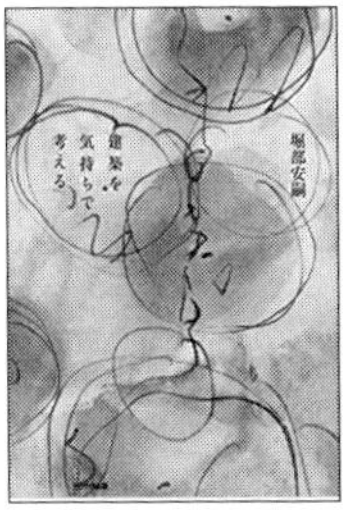

TOTO出版 刊

▽ダイナミクスな「食」のアナリシス

『食べたくなる本』
（三浦哲哉著　みすず書房　２０１９）

「食べること」と真剣に向き合うあるいは考えるとき、そこには人生哲学と分かち難いストーリーが存在する。牡蠣が大好きな友人は、その人生の中で3度も牡蠣にあたりながらも、牡蠣に思いっきり後ろ髪を引かれ、いよいよ「牡蠣は食べられない。絶対食べない！」と腹をくくったのは3度目の苦しみの後だった。だが生ガキを口に入れた時のツルっとした滑らかな触感、噛みしめたときのジューシーで濃厚な旨味が口に溢れるさま、これは忘れがたい記憶であり、彼女は悲哀にみちた眼差しで牡蠣と相思相愛だった頃を懐かしむのである。

1度目の悲劇の後も2度にわたり果敢に牡蠣に挑んだ彼女の人生哲学は、「私が認めなければ、嵐は嵐ではない！」というものだった。超クールである。

料理本や料理エッセイの評論集である『食べたくなる本』は、食への飽くなき探求が満載の1冊である。「食べる」とは、想像以上に奥深い行為であることがよくわかる。畑中三応子著『ファッションフード、あります。』は、1970年を起点に食の情報化時代の到来と、それに伴う食のファッション化の過程が描かれている。同世代的経験を共にする二人の著者と読者の私、ミスタードーナツ、ファミリーレストランなどファストフードについて当時旬だったトピックスや、ティラミスやナタデココなど流行の食べ物の移り変わりと成長の過程が同時進行で、常に食の情報と経験がアップデートされていったころの雰囲気は刺激的だったと反芻するのである。

また、料理本を紹介する章では個性豊かな料理家との出会いが待っている。その筆頭『丸元淑生のクック・ブック』の著者丸元は、彼が作る食事のたびに家族の誰かが「死ぬくらいおいしいね」と必ず言うのだそうだ。しかし、その一言を言わせる？　ためには料理に使う材料の量が尋常ではない様を披露する。

例えば「あさりのスパゲッティ」4人前レシピ、使用するアサリの量はなんと2キロ！ 目を疑う数値である。さらに「クリームなしのクラムチャウダー」4人前は、メインのはまぐりはこちらもキロ超えの1・5キロ。どちらも貝のうま味で美味しい料理が出来ることは想像に難くないが、料理へのこだわりが一線を越えている。その他興味深い料理家として、「蒸したカリフラワーのピュレ」に代表される、メインの食材を極限までシンプルに調理する細川亜衣の新たな料理美学や有元葉子の食をふくめた生活全般を「循環」から見つめ直そうと提案する独自の美を追求するライフスタイルの全貌などが紹介されている。どれをとっても、単なる料理本という領域を超え、もはやその料理家の霊域と言えるほどの独特の世界観と人生観が反映され、それぞれ読み物としても存分に味わうことができる。

食材への研ぎ澄まされた感覚と味や触感の表現の卓越性が面白さの一つでもある。世界一と称賛されるレストラン「エル・ブリ」(2011年に閉店)は、ローカリティと世界各国の食材を使い、また最新の器具を備えた工房で、数十名のスタッフが日々料理の実験を繰り返す、食の実験場である。エル・ブリのコンセプトは「習慣の裏をかく」一皿を「再構築する」こと。このコンセプトを存分？に生かして考案された著者渾身の一品。うな重をこよなく愛するイタリアンシェフの一言に端を発した料理、その名は「ないものねだり」。大喜利的なネーミングセンス。どんな一品かは、本を読んでのお愉しみ。

みすず書房 刊

▽「隔絶」がもたらす世界

『王国 Domains』
（奈良原一高著　復刊ドットコム　２０１９）

２０２０年1月19日、ある写真家が逝去した。奈良原一高、享年88歳。戦後日本の写真界に多大なる功績を残した一人である。巨星墜つという言葉どおり偉大な写真家の訃報に時代が移り変わりゆく喪失感を覚えた。生を分かつ死は同時にあるイメージを想起させた。「隔絶」。それは、彼の初期作品において繰り返されたテーマである。

奈良原一高は早稲田大学大学院に在学中の１９５６年に初の個展「人間の土地」を開催した。二部で構成された作品に写されているのは、長崎県沖に浮かぶ端島、通称「軍艦島」に暮らす炭鉱労働者たちと鹿児島県桜島の火山灰に埋

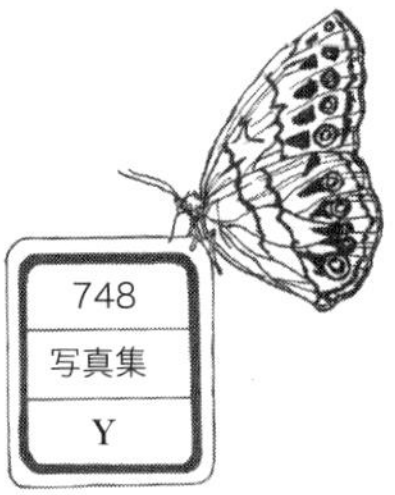

もれた集落である。二つの異なる土地で人工的に、或いは自然の力によって外界から隔絶され過酷な状況下に生きる人々の姿を通し、人間の生きる意味を社会に投げかけた。個展はたちまち大反響を呼び、無名の学生だった彼はこの個展を機に写真家としての道を歩み始めることとなる。その2年後、2回目の個展で発表されたのが「王国」である。この作品群もまた「人間の土地」同様に、「沈黙の園」と題された北海道の灯台の聖母トラピスト修道院と和歌山県の女子刑務所を撮影地にした「壁の中」の二部で成り立つルポルタージュ形式を取っている。前作においては人工と自然を要因とした地理的な隔絶を扱ったが、ここでは信仰と法律により生じる精神的な隔絶をテーマに、彼の心象を投影したパーソナル・ドキュメントとして更に深化させた独特な世界を表現している。

　この特異な二つの王国の中で特に印象的な構図がある。1枚は剃髪した青年修道士が瞼に指を当てている姿である。野外と思しきその背後にあるのは墓所であろうか。簡素な十字架が見える。彼らはただ一心に神に祈り、働き、本を読み、沈黙しそして時が来れば肉体のみ土に還る。他者からの視線を拒むかのように閉じられた両目は、自らの意思で信仰以外のすべてを排除した精神の隔

復刊ドットコム 刊

絶を示唆するかのようである。もう1枚は厚い壁に囲まれた一室、覗き窓からこちらを見据える二つの目。外界を伺うような仄暗い瞳は見開いてはいるものの虚ろである。彼女たちは自らの罪により裁かれた法の下、精神の自由さえも支配されている。見ることを止めた目と見えるその先を希求する目。対照的な二組の目は外部から孤立することによって内的世界に向けられ、自己と対話をしているかのようである。

隔絶が表現するもの、それは人生の不条理ではないだろうか。それは極限状況下において初めて顕在化されるのかもしれない。写真家は瞬きをするようにファインダー越しに人間の生と存在意義を問い続けた。二つの王国の前に佇む私たちは、いつしかそこに焼き付けられた人々の目が自身の目と重なり合っていることに気が付く。その目はモノクロームの静寂の中で見る者の心の深淵に鋭く迫るのである。

▽No Music No Life!
―果てしない音楽の可能性―

『世界でいちばん貧しくて美しいオーケストラ―エル・システマの奇跡』
（トリシア・タンストール著　原賀真紀子訳　東洋経済新報社　２０１３）

モジャモジャのアフロ・ソバージュヘア、頼もしいどっしりとした肢体を燕尾服におしこんで、人懐っこい笑顔をたたえる愛すべき青年は、ベネズエラ出身の指揮者グスターボ・ドゥダメル。彼がタクトを取ったベートーヴェン交響曲第５番『運命』は、あらゆる苦悩もフレッシュなエネルギーと強い意志で乗り越えてしまうような爽快感と軽やかさを感じさせる。「百年に一人の天才」

といわれるその青年は、カリスマ性と圧倒的な音楽的知性を持ち、人間のあらゆる心象を映しだすような音楽を作りだす。貧困と暴力が蔓延するベネズエラの教育政策であり、社会政策である「エル・システマ」は、その仕掛け人である〝マエストロ、アブレウ〟のスピリットのもと、音楽が人間形成に寄与するという事実、そして音楽は社会を変えるという強いメッセージを世界中に示したのである。

「エル・システマ」とは、ベネズエラにおける独創的な音楽教育プログラムである。ベネズエラ全土に３００の音楽教室とユース・オーケストラを擁するシステマは、国からの財政支援を中心に、およそ37万人の子どもが音楽を学び合奏を楽しむ。興味があれば誰でも参加でき（なんと2歳半から！）、楽器も譜面台もレッスンも、必要なものはすべて無料で提供される。「貧困は人の個性を失わせる」、しかし「音楽から生まれるとてつもなく大きな精神世界は、物理的な貧困を打破する」と、優れた音楽家であり経済学者であり、政治家でもあるホセ・アントニオ・アブレウは確信していた。

物理的にも精神的にも恵まれない子どもたちが、他者との協働や崇高な目標を持つことの意義を見いだし、人として成長しながらコミュニティを形成することを音楽教育とオーケストラという経験を通して学ぶのだ。「演奏して、困難に立ち向かえ!」と、アブレウの信念と深い愛情によって多くの奇跡が生まれたのである。その一つが、エル・システマの音楽教室から抜擢された精鋭メンバーからなる「シモン・ボリバル・ユース・オーケストラ」であり、ここで指揮者としての経験を積んだグスターボ・ドゥダメルである。

ドゥダメル率いる「シモン・ボリバル・ユース・オーケストラ」は、国内外においてクラシックコンサートの常識を覆す、観客の度肝を抜くパフォーマンスで世界中を熱狂させた。それは楽器を演奏しながら立ち上がり踊りだすというもの。音楽を愛するがあまり体が動いてしまうと言わんばかりの熱気と高揚感、そして高い音楽性を発揮したのである。ある会場では観客も総立ち、クラシックコンサートがさながらバンドのライブと思しき様相と化す。

エル・システマというたった10人で始まった取組みは、国際的なムーブメントへと発展し、現在日本でも東日本大震災による悲惨な原発事故を経験した福島県相馬市において、音楽を通して子どもたちに生きる力を育むというプロ

東洋経済新報社 刊

ジェクトとして息づいている。エル・システマの目指すものを体現するドゥダメルは、文化的資源によって社会が発展する、そんなユートピアをベネズエラで体験し、この経験を世界中に拡大させるべく、最高の音楽と友情をこれからも私たちに届けてくれるはずである。

参考図書
『エル・システマ―音楽で貧困を救う南米ベネズエラの社会政策』山田真一著　教育評論社　2008
『貧困社会から生まれた〝奇跡の指揮者〟―グスターボ・ドゥダメルとベネズエラの挑戦』山田真一著　ヤマハミュージックメディア　2011

▽三十一文字の刻印

『春日井建歌集』
（春日井建著　短歌研究社　2003）

「声あげてひとり語るは青空の底につながる眩しき遊戯」

過ぎ去った日々に置き去りにした燻ったままの記憶が蘇る時、口遊む歌がある。春日井建の歌集『未青年』に収録されている一首である。十代の頃に手にしたその歌集に散りばめられていたのは、闇の中で人知れず爆ぜる熾火《おきび》のような三十一文字だった。その陰鬱な熱はゆっくりと皮膚に伝わり、その言葉一つひとつを火傷のように強く心に焼き付けた。

春日井建の両親はともに歌人であった。中部短歌会結社誌『短歌』の編集発行人を務めていた父親のもと早くから作歌に親しんでいた彼の才能は、三島由紀夫の目に留まりやがて澁澤龍彦などの歌壇外からも注目されるようになる。そして、昭和35年、21歳の時に第一歌集『未青年』を出版する。その歌は若さゆえの残酷さと傲慢さ、純粋な美を浮き彫りにする生と性、背中合わせの死の香りに満ちており、その早熟すぎる作品世界は三島をもってして「若い定家*」と言わしめた。彼自身後年になって「処女作とは、文学人生の両方にいちばん深く足をつっこんでゐる」という三島からの言葉を振り返り「私の場合実に本当だった」と語っている。それ程までにその鮮烈な世界観は読者のみならず作者である本人をも取り込んでしまう魔性を宿していたと言える。

「死より怖るる生なりしかばせめて暗く花首は夜気に濡れつつなびけ」

前衛短歌の旗手として華々しい活躍をみせていたが、第二歌集を上梓した31歳の頃に突如自らの歌作と決別する。歌集の書評を書いた三島が市ヶ谷の自衛

*藤原定家。鎌倉初期の歌人、歌学者、古典学者。『新古今和歌集』、『新勅撰和歌集』、『小倉百人一首』の撰者でもある。新古今時代の代表歌人で、その和歌・歌論は以後の文芸や文化に深い影響を与えた。

隊駐屯地において自刃した同年である。その後9年間歌の世界から遠ざかっていた彼を再び歌壇へと引き戻したのは、父親の死去であった。またしても彼の歌人としての人生を変えたのが「死」であることに何か定められた天意を感じざるを得ない。

父親の死後、結社誌『短歌』の編集発行人を引き継ぎ主幹となった彼は、以前にも増して歌作や歌壇において活躍の場を広げていく。精力的に作品を発表し続けていた60歳の頃、彼の身を病魔が襲う。中咽頭がんであった。病を得てから刊行された第七歌集『白雨』には老いてゆく母や友人の病などを背景に限りある人生の緩やかな流れが詠まれている。そこに漂う死の気配は、絶対的でありながらも『未青年』のそれと比べると何と穏やかであろうか。

「日逝き月逝きこの蝕の夜にわれら会ふかぎりなく全円に近き幸福」

人間の背負う宿命とその生の儚さを結実させた彼の歌世界は、観念のみで表現されたものではなく、事実を元に寓意的に再構築された世界である。彼の人

短歌研究社 刊

生をなぞるように編まれる三十一文字の言葉の質感もいつしか変化していったと言える。それは数多の昼と夜とを繰り返し丸みを帯びた水の流れのように滑らかで清らかである。時を経て、時折疼く古い火傷は瘡蓋《かさぶた》となって洗い流されるのだろうか。今再び歌集を開いてみようと思う。

▽子ども時間
—パステル色のその先に—

『こどもスケッチ』
（おーなり由子　文・絵　白泉社　２０１８）

甥っ子ができた。彼が生まれてくる前から「姪とか甥とか、ものすごくかわいいから！　メロメロになっちゃうよ～」と外野の声。まさか、まさか私はクールにスマートに可愛いがりますよ！　しかしである。一目その生命体に出会ってしまったら完全にノックアウトだった。形容しがたい愛おしいという感情、不思議な感覚、人の力をかりないと命すら維持できない脆くて弱い存在は、その小さな身体に反比例して生きるエネルギーに満ちあふれていた。ただ、存在するだけで完璧、すべてが肯定されていた。

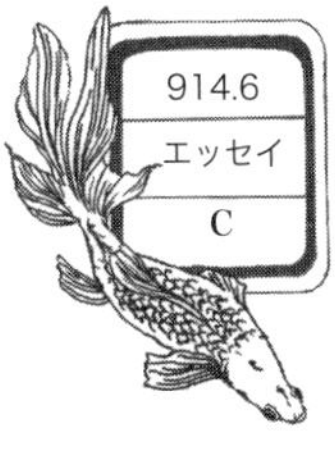

そんなときに久々に再会したおーなり由子の作品『こどもスケッチ』は、彼女の周りには〝悪いこと〟など存在しないかのような、やさしいパステル調の色彩にあふれていた。母である彼女のフィルターを通して映る子どもの異次元の世界を、ソフトな絵と言葉でスケッチしている。その心地良いメロディーは心の琴線を震わせる。赤ちゃんの横顔を描いた表紙、その丸いアタマの形、やわらかな髪の毛、イノセントな表情、それらすべてが物語っている、「こっちの水は甘いぞ」と。

無邪気な笑顔が心にしみわたった日のことや、子どものために握った数々のおにぎりのこと、ポケットから発見された石や紙くずや虫のしがいのこと、どれも他愛なく、騒々しい日々の中でついつい見落としがちなそんな些細な出来事も、彼女は大事に拾いあげる。変化のないように見える毎日も、〝子ども〟はすぐに消えてなくなってしまうからと時折立ち止まり、子どもの時間を彼女の世界に結び付けるのだ。意識的に丁寧に。

雨つづきでキャベツの収穫ができなくなった農家の人の嘆きに、「ああ、わかる！　わかる！」、わたしとおんなじ！　と由子さんは思う。子どもも天候も思い通りにはならないもの、他人の痛みを同じ地平線上に感じる想像力、世界はつながっているよ、違って見えても同じだよと教えられたような気持ちになる。こう考えるとき、彼ら〝子ども〟の心の広がりは無限大で、狭量な私たちを一思いにぴょーんと超えていくのだ。

　薬味のチューブやらそのへんの糸くずと格闘しながら、持てる力のすべてをかけて思いっきり遊ぶ甥っ子を見て、実はここに世界の真実が隠されているのではないか？と思うことがある。フランス映画「ちいさな哲学者たち」の中に、無邪気だけれども核心をつく子どもの質問に生きることの根本を見るようだったことを思い出す。今日も明日もココもアッチもぜんぶ一緒、あなたも私も今ここに存在するということ、世界は人間の無力さを肯定するためにできているのかもしれない。おーなり由子の世界と安寧の気配がリンクして私も世界も膨張していくような感覚になる。肯定、膨張、安寧、ちいさな哲学者たちは私たちに希望の片鱗を差し出しているようである。

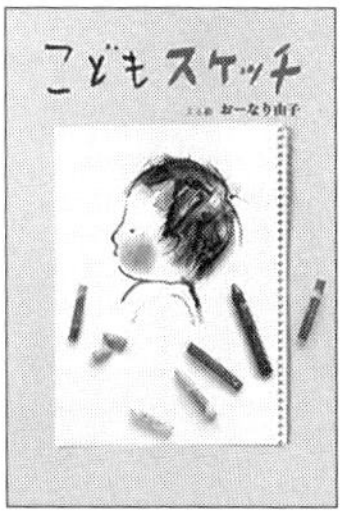

白泉社 刊

▽麗しのアフロな生活

―煩悩とアフロの奇妙な関係―

『寂しい生活』

（稲垣えみ子著　東洋経済新報社　２０１７）

「そうだ！　アフロにしよう！」ってアフロにする大人、見たことあります？少なくとも私の周りには皆無である。しかも、アフロにした稲垣さん、やたらとモテまくっているらしい。羨ましい、私もアフロに……、勇気ないです。ところでお坊さんが剃髪するのは、頭髪は〝煩悩〟の象徴であって修行には邪魔なもの、それらをそぎ落とし己の戒めとするためにそうするらしいのだ。だとすると、もじゃもじゃのアフロって煩悩の塊じゃないの？　と思うのだが、良

く考えてみましょう。

ケース1：電化製品の無い生活

電化製品とは、稲垣さんも言っているように生活をより便利に快適にするために、あるいは今よりも〝進化〟した生活を実現するために企画・開発された、人には優しいはずの代物である。夏は涼しく、掃除はより簡単に、食品はより長く美味しく保てるようにと様々な角度から検証され、実験が繰り返されあらゆる製品が進化してきた。が、彼女はその全てを手放したのである。ということは、生活は不快で忌むべき苦行のようなものと化したのか？

答えは否である。稲垣さん、生きる本能が目覚めたかのように、身体中の細胞が沸々と「生きる」ことへの快感と貪欲さを発揮し始めたのである。洗濯板で洗い物をし、その日に食べられる分だけの食事を作る、自分がマネジメントできる範囲のミニマムな生活。冷暖房機を省いて季節を敏感に感知する喜び、「足るを知る」不満や不安の無い毎日。「不便って生きること」、「便利は死んでいること」と同じじゃないかと稲垣さんは言う。便利さや進化を追求した結果、術や知恵を失い、その活力さえも衰えて、それらを解消しようとさらにモノに頼るという悪循環。出口のない土壺の中で私たちはもがいているだけかもしれない。悲しいかな、私たちって何を求めて生きているのでしょうね。

ケース2：会社を脱出してフリーで生きる

稲垣さん曰く、日本は会社第一主義社会。会社や組織の後ろ盾によって個人の人間性や信頼性が保証され、それらに属さない者はクレジットカードもつくれず、賃貸もまま成らず、どこへ行っても社会から逸脱した不審者のように扱われると。まるで地球に舞い降りた宇宙人のようである。「ワタシは危険ではアリマセン。アナタのトモダチお役にたちますよ。」と、片言の地球語で相手を説得させるわけだから大変。稲垣さんは望んで宇宙人となったわけで、「アフロの稲垣ですが、結構いいヤツですよ」と逸脱した社会に剥き身で挑むのみ。まさに地球冒険物語である。そして、様々な社会的フィルターを取り払って、会社というマクロな付き合いから、個人というミクロなつながりへと相手にも自分にも正直に丁寧に心を傾ける人間関係に自然とシフトしていくのである。そんな偏見や気取りのない稲垣さんのフレンドリーな空気感が、モテモテの要因ではないのかしら。

あらゆるモノへの執着や欲望の渦から解放されるために、幾多のハードルを汗だくでクリアした稲垣さん。では、アフロは煩悩か。いやいやアフロは自由の象徴である。そして、自由には多分に寂しさが含まれるのである。自由と寂しさは表裏一体。1965年生まれ、バブルの申し子とも言うべき年代を走り抜け、一度振り切れた針が原発事故を機に逆方向へ向かい「手放す」ことが「自由」へ向かうという新たな道標を示してくれた意味は大きい。アフロ＝脱煩悩、私にはアフロの隙間からチラチラ揺れる希望の光が見えるのだが、〝麗しのアフロ〟の稲垣さんは今日も軽快な風を送ってくれるはずである。

東洋経済新報社 刊

パートⅢ ❖ 魔女っ子司書のフィールドノート
〜インタビュー編〜

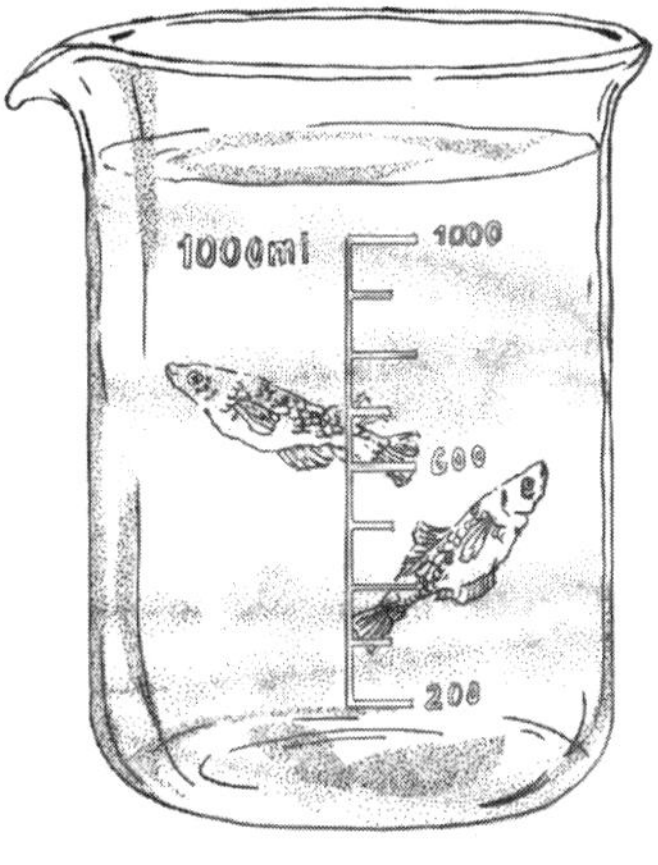

フィールドノートのつくり方

フィールドワークは、世界中に自らおもむき世界を探究する方法である（『フィールドに入る』より）。たんなる旅行や冒険とは違い〝世界の探究〟がその目的となる。魅惑的なひびきである。様々な感情、持てる体力、つまり心と身体を使って対象と向き合うことであり、しいては「自分は何者であるか」という問いを生むのである。哲学的なこの問いは、机上のみでは答えを見つけることは困難といえるだろう。だから、人はフィールドへと駆り立てられるのではなかろうか。自身が想像する以上に広大なフィールドへ、未知との遭遇を期待しておもむくのである。

さあ、「書を捨てよ（一抹の不安はあるけれど）、フィールドへ出よう！」、既成概念にメスを入れよう！　ということで、同じ図書館界で活躍されている方々にお話しを伺った結果、自身と図書館との関係を再考する貴重な機会となり、〝図書館の探究〟につながったのである。

今回インタビューに協力してくださったのは、公共図書館から富谷市教育委員会　教育部生涯学習課　図書館開館準備室参事の新出《あたらしいずる》さん、そしてもう一人元宮城県図書館　奉仕部部長、聖和学園短期大学非常勤講師の早坂信子《はやさかのぶこ》さん。大学図書館からは東北大学附属図書館　事務部長小陳左和子《こじんさわこ》さん、図書館スピンオフとして「のぞみ文庫」主催、「仙台にもっと図書館をつくる会」代表の川端英子《かわばたひでこ》さんの４名の方々である。刺激的で濃厚な４人のお話しからは、図書館がそれぞれの人生に深く関わりながら、図書館や司書の無限の可能性について示唆を与えてくれる建設的なものであった。

それでは、フィールドノートのはじまり、はじまり。

飄々たる理論的実践家

宮城県富谷市教育委員会 教育部生涯学習課 図書館開館準備室
参事 新《あたらし》 出《いずる》さん

理論に裏打ちされた確かな実践的技術とそれを実行に移すための決断力を併せ持つ。また、物事を文脈から冷静に読み解く分析力と、まだ平面的なアイディアや計画を立体におこす空間認知能力というべき能力に長けていると思われる。

辛口の日本酒のようなキリっと引き締まったクリアな口当たりは、一度出会ったら忘れられない逸品となるが、そんな人物である。

東京大学文学部思想文化学科卒業後、司書講習にて司書資格を取得。静岡県立中央図書館、白河市立図書館（福島県）を経て、２０２２年に宮城県富谷市に開館予定の図書館長候補として現在は準備室参事として活躍されている。日本図書館協会認定司書（１０９７号）、図書館問題研究会副委員長も務める。

独自の視点と行動力で富谷市の図書館に新たな風を吹き込んでくれるだろう。

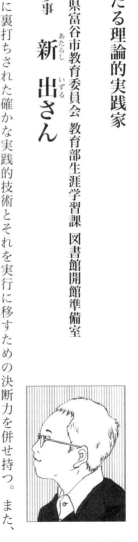

▽新出さんに

「図書館、そして司書の使命とは？」を聞く！

―２０２２年開館予定の富谷市民図書館の館長候補として２０１９年４月から図書館開館準備室参事としてご活躍されています。行政内の調整や具体的な図書館整備計画の立案など気力と体力を使う日々を過ごされていると思います。館長候補ということですが、まず「司書」という仕事に興味を持ったきっかけはなんでしょうか？

新　「デモシカ」的です。『みんなの図書館』（通巻５１４号）にも簡単に書いたのですが、この業界は小さいときから司書になりたかったという人が多いですよね、凄いなぁと思います。モラトリアムも長かったのですが、大学では西洋哲学を専攻していました。学生のときは大学の図書館を使っていたわけですが、卒業後は公共図書館を利用していました。だから職業としてイメージしやすかったですかね。大串夏身先生も『ある図書館相談係の日記』で、「デモシカ」的に司書になったということを知りました。私白身、転職も2度していますかだから、図書館にも色々なタイプの人間がいたほうがいいんじゃないかなと思います。

――「デモシカ」的に司書になられたとのことですが、「司書」としての仕事の面白さとはどこにあると思いますか？

新　「司書の面白さ」＝「図書館の面白い部分」と置きかえられるでしょう。図書館の面白さの一つに、情報や知識を使いやすく流通するように組織化するということが挙げられます。メディアの媒体が紙であろうと電子であろうと、世の中にある情報や知識が勝手に使いやすくなることはないですよね。国立国会図書館のデジタルコレクションなどは、ものをスキャンして紐づけて検索できるようにしている人が存在する。必ず整理する人、調整する人が必要です。同様に、図書館自体の活動やまちライブラリーのような図書館的なものを調整して動かしていく、紐づけていく、つまり繋いでいくという面白さもあります。

—各館のオンライン閲覧目録（ＯＰＡＣ）も情報や知識の組織化の一つですね。現在は個々の図書館だけでなく、市単位や全国的にも資料が横断的に検索できるシステムも整備されています。最近、「司書」がＡＩで代替可能だという話題がありましたが……。

新　まず場所としての図書館は、統廃合ということはあっても無くなることはない。ＡＩがスピーディーな配架作業や貸出・返却を肩代わりしてくれるのであれば、だいぶ楽だと思う部分はあります。でも生産性は上がっても新しいサービスの企画や開発など仕事自体がなくなるわけではないですし、図書館の仕事を評価関数で評価するのも難しいでしょう。図書館の仕事がＡＩ化されれば、世の中の大半の仕事は消滅するんじゃないかな。でも、AIが色々やってくれて週2日ぐらい働いて暮らすっていうのも悪くないですね。

――『みんなの図書館』で、「いつでも風呂なし6畳間に戻れる生活感覚を維持していきたい」と書かれていましたね。新さんのどこか世俗的ではない感じはこの感覚からきているのかもしれないですね。さて、「司書」という仕事は合っていると思いますか？

新　今年で司書15年目になりましたが、むいていなかったらきっと辞めています。公共図書館は、各自治体や各図書館単位で主体的に選書、蔵書構築など行っています。ですから職業的にある程度裁量権があって、自由度があるから面白いのであって、ルーティンワークや指示されてやる仕事が多かったらつまらないでしょうね。

司書は広く浅く、情報の調べ方や組織化などを知っています。それを知ったうえで、特定の地域の人たちの求めに応じて、それにマッチしたかたちで情報や知識を提供します。図書館というリアルな場所と知識や情報などトータル的な環境整備が出来ないといけない。外部の状況の変化によってサービス形態も変えていかないといけないので、組みかえ能力も必要です。

公共図書館×マンガ

―以前勤務されていた白河市立図書館（福島県）では、マンガの収集を積極的にされていました。これは選書や蔵書構築にかかわる部分ですね。公共図書館の選書基準としてマンガの収集を対象外としている事例も多いですが、どのような考えから始められたのでしょうか？

新　そうですね、マンガの収集や提供について、既存の公共図書館がしてこなかったということと関連して、〝しないこと〟が当たり前だと思っている図書館内部の人が多いです。だから館内の合意を取ることが大変でした。公共図書館で文芸書や通俗的な小説を提供するのはいまは当たり前ですが、歴史的に見て以前は一般的ではなかった。でも利用者のニーズに対応してサービスを拡大していったことを考えると、マンガだけ例外というのは奇妙だなと。対象外とする理由として、損耗しやすいなどの造本の問題や、性表現や暴力表現、民業圧迫といったことが挙げられますが、造本的には文庫本、内容でいえば小説、民業圧迫ということでいえばベストセラーも同様の特性をもっています。

外部批判の危惧が図書館員の間で語られますが、実際に収集して提供すると住民や利用者からの批判的意見はほとんどないのが現状です。実践から得られる知見もあるので、小規模でも始めてみることが有効でしょう。白河市立図書館では、開架の約10％、図書費の約10％を目安に収集していました。*

参事としてのタスク

—図書館サービスとは何かを考えさせられる事例のように思います。さて現在の業務についてお伺いします。富谷市の図書館開館準備室参事という立場で仕事をされていますが、具体的にどのようなことをされているのでしょう。

＊新出「公共図書館とマンガ—ありふれた図書館資料として収集・提供するために（特集 マンガという体験、図書館という環境）：（実践の現場から）」『LRG : library resource guide = ライブラリー・リソース・ガイド 第24号』（アカデミック・リソース・ガイド、2018年9月、26-59頁）参照

新　図書館の基本計画が出来上がったので、より具体的な管理運営計画を作成しています。富谷市は全国的に見ても市の予算規模が小さいので外部資金の調達に取り組んでいます。

近年は合併特例債や中心市街地活性化、または図書館の統廃合による公的な助成金を活用しての新館建築やリニューアルがほとんどです。２０１８年にオープンした名取市図書館（宮城県）は、名取市駅前再開発として公民館や商業施設、分譲マンションの入った複合施設として開館しました。

富谷市の場合、補助金が期待できないこともあり、外部資金調達に取り組んでいる状況です。

クラウドファンディングで図書館パトロンをつくる！

—クラウドファンディングによる資金集めに注目が集まっていますね。目標金額として、富谷《とみや》にかけて「１０３８万円」も話題になりました。

新　クラウドファンディングは、市として前例がなかったためにアドバイザリーを入れました。「1038万円」は、「トミヤ」（富谷）にかけています。また、ふるさと納税を活用したガバメント・クラウドファンディングとして実施しました。

クラウドファンディングですが、ただ資金を集めるということが目的ではなくて、〝パトロンをつくる〟という意味合いもあります。寄付というかたちで図書館にコミットしてもらい、図書館の応援団的な存在になってもらいたいという思いからきています。

—パトロン、重要な視点ですね。パトロンという話が出ましたが、今後市民との対話やコミットメントはどのようにしていきたいですか？

新　富谷市は、50年前までの人口は現在の10分の1の5000人程度の農村地帯で、中心市街地の仙台市への通勤者のための住宅地として発展してきたという経緯があります。初めて富谷市に来たとき『ジョジョの奇妙な冒険』の杜王町《もりおうちょう》かと思いました。日本だけどアメリカの郊外都市のような住宅街が整然と広がっていて、道路は住宅地を囲むように円周状に通っています。人口の少ない時代には図書館の認知度は低かったと思います。しかし、郊外都市として発展し、子育て世代が多く住み、転勤などで他の地域から図書館利用の経験のある人たちが入ってくると、やはり図書館のニーズは高くなります。実際、近隣にある宮城県図書館への富谷市民の登録率は高いという状況です。

これまでも市民参加型のワークショップなどを取り入れてきましたが、今後もこのプロセスは続けていきます。それに開館後も市民の方とのコミットメントはもちろん続くわけですよね。最近図書館を「サードプレイス」と表現することも耳にしますが、レイ・オルデンバーグの『サードプレイス』を読み返したんですよ。彼が言うサードプレイスは、立ち飲み屋にふらっと立ち寄る感覚で、歩いて行ける距離で、常連がいて、たわいもない話をする相手がいるというようなコミュニケーションが主体の場所です。

庄子隆弘さんのやっている「海辺の図書館」*のような存在です。図書館＝

＊『魔女っ子司書と図書館のたね』図書館へ行こう！―インタビュー編 所収

居場所＝サードプレイスではないですが、部分的に利用者同士だったり、私たち図書館員と利用者だったりとコミュニケーションのケースは様々です。

優れた図書館員が、優れた図書館長ではない

―図書館は、もろもろのハード面やサービス、そして人―司書と言い換えることもできると思いますが、それらがそろって初めて機能します。長期的視点にたっての課題解決が望まれますが、どのような図書館にしたいと思いますか？

新　そんな一言では……、難しいですよ。ただ、利用者が図書館に求めるものは様々であって、伝統的な蔵書と静かな空間の側面と、図書館はここ20年ぐらいリアルな場所の提供もしてきているので、場としての重要性もあると思います。図書館は生涯学習の場ですから、利用者自身の教育や自己実現にプラットフォームの提供というかたちでも、間接的ですが関与できるでしょう。だか

ら柔軟性のある運用など、対応できる範囲を広げたいと思っています。それにはスタッフのチームビルディングが重要です。今は常勤職員だけではなく、会計年度任用職員など立場の違う人たちが一つの組織体を作っています。まとめるのは難しいですが、チームがギクシャクしていると大変！です。

―そうですね。図書館内のスタッフをまとめるのも館長としての重要な役目ですね。私個人としては新さんにはもっとプレーヤーとして活躍してほしい！との思いがありますが、実際に、理想とする図書館長像はありますか？

新　いや、私もプレーもしますよ。同時にスタッフのチームビルディングもします。つまりプレイングマネージャー的存在です。館長像ということで言えば「100％この人！」のようなモデルはいないです。過去の事例で、優れた図書館員が優れた図書館長にならなかったケースがあります。プレーが卓越していても、マネージャーとして自分の能力や技術を発揮できなかった、磨けなかった例ですね。私は人格的に慕われるタイプではないと思っているので、そういう前例を反面教師としてプレーヤーの部分とマネージャーとしての部分を意識的にコントロールしていきたいです。だって、プレーだけが上手い「館長」って微妙ですからね。

冷静と情熱のあいだの過客

東北大学附属図書館　事務部長　小陳《こじん》左和子《さわこ》さん

慎ましやかなたたずまい、冷静かつ情熱をまとった雰囲気、多くを語らなくともその確かな存在感に一瞬にして私は魅了された。同性でありながら一目ぼれ、今や親方と慕う人物である。大学図書館界の中枢で日々尽力されているかたわら、東北の大学図書館員中心のコミュニティＭＵＬＵ（みちのく図書館員連合）の初代顧問を引き受けてくださったり、一橋大学附属図書館勤務の際は、図書館女子たちを引き連れ来仙し、東北の図書館女子たちと大セリ鍋会が開催されたりと人望が厚く、秘かに、もしくはおおっぴらに小陳さんを慕っている人は数多くいると思われる。

東日本大震災で被害を受けた東北大学附属図書館の復旧や当時の状況などの情報発信に精力的に取り組まれ、1年後一橋大へと異動、「震災復旧の道半ばにして東北を離れたのは後ろ髪を引かれる思いだった」そうだが、6年後に再度東北へと就かれる。私たち東北の大学図書館員のまとめ役として、これからも稽古をつけてください、親方！

▽小陳左和子さんに「大学図書館の歩き方」を聞く!

分類の世界へのあこがれ

—親方とは何度も盃を交わしていますが、詳しい経歴などをお聞きするのは初めてです！ 今日は親方の胸をかりるつもりで、真正面からぶつかってみたいと思います。

図書館情報大学という図書館に特化した大学を卒業されていますが、いつ頃から図書館や司書という仕事に興味をもたれたのですか？

小陳　小学6年生のとき「図書館のおねえさんになりたい」と思いました。

通っていた小学校の隣に富山市立図書館の分館が出来て、毎日閉館時間まで図書館で本を読んだり調べ学習のようなことをしたりしていました。だから図書館のおにいさん、おねえさんと仲良くなって、カウンターの手伝いのようなこともさせてもらいましたね。そこで棚を見て分類に興味をもちました。分類を知ることは学問の体系を知ることで、こういう世界っていいなと憧れをもちました。「もうすぐ図書館情報大学というのができるよ」ということもおにいさんに教えてもらいました。

――小学生からの憧れを実現されるってロマンですね。学生時代のお話も聞かせてください。

小陳　高校生になって図書館情報大学の受験が現実になったときに、試験科目に数学ⅡBがあることがわかったんですよ。理数系が苦手で、ここの受験やめようかなぁって言ったら家族に叱られて。大学が開校して間もない4期生だったので、カリキュラムも毎年少しずつ変えながら整えていくという状況だったと思います。分類や目録の演習もありましたが、一般の司書課程の科目とも内容は全く違っていました。図書館は本だけではなく、情報を扱うところということを学んだと思います。

—それから、大学図書館畑を歩まれてきたと思いますが、国立情報学研究所（NII）での経験が長いとのことですね。

小陳　大学卒業後、地元の公共図書館で1年だけ非常勤で「図書館のおねえさん」が出来ました。残念ながら後にも先にもいわゆる図書館のおねえさんはこれだけです。

NIIでは職員としてCiNii（サイニィ）などの学術情報データベース構築、大学図書館職員向けの教育研修事業、最先端学術情報基盤（CSI：Cyber Science Infrastructure）委託事業、大学図書館コンソーシアム連合（JUSTICE）などを担当してトータル21年勤めました。NIIは学術コンテンツ事業を展開していますが、大学図書館とは非常に関係が深い機関です。

CiNii の立ち上げや JUSTICE にかかわったことは、どちらも人生の節目といいますか、転機となる出来事でした。CiNii は２００４年から試験運用を開始しましたが、当時インターネットの普及に伴ってそれまでは一回使うごとに料金が発生していた有料データベースを、無料で提供できるシステムを構築するというものでした。「収入を得ていたサービスをなんで無料にするのか」という理由付けや、「どのようなサービスを展開するのか」といった構想を説明するためのパワーポイントを作ったり、仕様書を書いたり、ＮＩＩの先生方や開発事業者と打ち合わせをしたり、といった日々でした。

「過ぎてしまえば何だって楽しい」

―学部生のガイダンスなどでは、学術情報を検索するときは「まず CiNii を使って！」と私たちのあいだではもはや常識化しているツールですが、その源泉に出会ったような感動があります！　現在学術情報がウェブ上で入手できるというのは当たり前ですが、当時はその過渡期だったと思います。大変なことも多かったのではないですか？

小陳　そうですね。大変というよりも面白かった。情報学を専門にしている先生方と日々密接にかかわって議論して、一つの成果物を作り出す過程は刺激的でした。大変と言えば大変でしたが、過ぎてしまえば何だって楽しいものですよ。

JUSTICEは3代目事務局長だったのですが、前任のお二人があまりに偉大で、最初はお断りしました、「絶対自分に無理！」って。JUSTICEは、各大学図書館が電子ジャーナルを契約するための出版社との交渉、各種調査、広報、研修などを行っていますが、性格的に交渉は下手だし、それに雑誌の契約業務も経験したことがなかったから、自分が役に立てる気がしなかった。でも、交渉は他の人に任せていいから、国立、公立、私立大学の全体をまとめて、運営委員のメンバーが活動しやすい環境を整えてくれ、それがあなたの仕事だと言われて、それなら私にも何とかできるかもしれないと思いました。

―海外の電子ジャーナルの価格高騰はもはや恐怖です。電子資源は大学図書館にとって研究や学習に必須ですから、無理をしてでも収集しなければというプレッシャーがあります。図書館の予算を圧迫しますから、どこの機関でも頭痛の種でしょう。「JUSTICE」は「正義」という意味ですが、私たち担当者にとっては、まさに「JUSTICE」！なんです。

小陳　近年の大学図書館では、電子ジャーナルや電子ブック、データベースを継続的に、そして安定して提供することが大きな課題となっています。電子ジャーナルは様々な理由から値上がりが繰り返され、継続購入が難しくなっており、研究者同士が研究の成果（論文）を共有することに支障をきたすというのが現状です。

そこで出版社との交渉を一元化することで、スケールメリットを生かした有利な条件を獲得して、会員館の負担も軽減するというのが、JUSTICEが設立された目的です。それでも、電子ジャーナルを取り巻く状況はいっそう複雑になっており、難しい局面をむかえています。

なんといっても研究支援！

—CiNii や JUSTICE、NACSIS-CAT（オンライン共同分担目録方式により全国規模の総合目録データベースを形成するためのシステム）に代表されるように、ＮＩＩと大学図書館は大学の教育研究活動を支えるために相互協力が不可欠です。しかし、ＮＩＩと大学図書館の実際の現場での業務内容は全く違いますよね。

小陳　東北大学附属図書館に着任して、初めて大学図書館の利用者サービス実務に関わることになりましたが、それまでのＮＩＩの仕事とは全く違って日々勉強でした。そして、大学図書館の現場にきて痛感したのは、図書館が研究者に対してもっと支援できることがある！　ということです。

—具体的にはどういったことでしょうか？

小陳　研究者は大学では教員として講義はもちろんのこと、大学の諸々の仕事に追われて研究時間は減っています。それに研究支援や研究推進を担当する部署の職員たちは、科学研究費などの外部資金を獲得するための申請手続きなどに忙殺されて、本当の意味での研究支援ができている大学は少ないのではないでしょうか。そこで、本来の研究支援に図書館員が絶対に役に立つはずです。

例えば図書館員がインパクトファクター（学術雑誌の影響力を評価する指標）を提供するのは、ツールを知っているので当然できることですが、ツールを用いて種々の情報を探すことだけでなく、それをさらに進めて自大学の研究の強みを伸ばす分析まで行うとか、また図書館では教員の論文を登録して公開するリポジトリを構築していますが、そもそも研究事業の体系的な管理に図書館が関与できるのではないか。そして、論文執筆のもととなったデータなどの研究資料を適切に管理するということにも貢献できるのではないでしょうか。

ほかにも（これは教育支援の枠になりますが、）教員が講義用教材を作成する際の素材提供や著作権処理といったことにも踏み込んでいけると思います。ただそのためには、支援する側の図書館員は少なくとも修士号を持っていることが必要です。採用の際に考慮するだけでなく、既存の職員が社会人大学院で学ぶという選択肢もあります。自身も何かしら研究の経験があって、常に情報と密接に関わり情報がアップデートされ、研究活動の動向を把握しているという状況が理想だと思います。大学図書館員の専門性も、究極は研究支援ができるかに集約される気がします。

―研究支援の面で図書館員が踏み込んでいけるところ、言い方を変えると、やらなければならないことが多岐に渡りますね。大学の規模や状況によって研究支援の在り方にも幅があると思いますが、大学図書館員の資質として求められるものは基本的に同じような気がします。

小陳　そうですね、でも課題が大きすぎてね。大学の教育や研究を教員と一緒になって推進していくためには、図書館に限らず学内の他部署、例えば広報や教務、研究支援、国際担当などにもそれぞれにプロの職員が必要だと思います。そのためには処遇の改善も必要でしょう。大学には教員と職員という二つの給与ベースしかありませんが、第3の給与体系を作ればいいのに！と思います。本学にはURA（ユニバーシティ・リサーチ・アドミニストレータ：研究者の研究活動の企画やマネジメント、成果の活用促進などを担い、研究者の研究活動の活性化等を図る業務に携わるスタッフ）がいて、図書館ももっと連携したいと思っていますが、ほとんどは任期付きのため数年で入れ替わってしまうという課題もあります。

究極は自分で育つしかない

—専門性の追求、そのための環境整備、確かに大きすぎる課題です。日本はプロフェッショナルを嫌う傾向にあるように思いますが、こういう状況だと人材育成もなかなか難しいですね。今後の大学図書館への期待のようなものはありますか？

小陳　今以上に大学のために、教育や研究のために貢献できる組織になってほしいです。大学という母体があっての図書館ですから、そこをはき違えて「図書館とは昔からこういうものなんです！」という幻想だけで仕事をするんだったら、図書館はなくなってもしょうがないんじゃないかな。

人材育成という点でも、色々試したり経験してきたりしましたが、究極は自分で育つしかない！と思うところはあります。

―小陳さんは、バリバリのビジネスパーソンでありながら、ビジネス臭を感じさせない物腰で、相手が自然と気を許してしまうという特技を持っていらっしゃいますが、これまで影響を受けたなと思うものはなんでしょうか。

小陳　本でいえば中学生の時に読んだ『夏目漱石全集』かな。父が高校の国語教師だったということもあって本棚に旧字体の漱石全集があってね。全部読んでやろうと思った。恥ずかしながら内容そのものはほとんど覚えていないんですが、日本語の文章ってこういうものか、という感覚が身についた気がします。仕事上でも日常的に文章を書いたり、人の文章を直したりしていますが、今にして思えばあの経験が生きているのかなと。文章を書くのが得意じゃない部下に、「もっと本を読んだほうがいいよ」って言ったら、「何て言う本を読んだらいいんでしょうか？」と切り返されて、Ｈｏｗ to本とか、そういうことではないんだよなぁって。

ポストは人をつくる

──東北大学の漱石文庫にもつながりますね。運命的なものを感じます。

小陳　職業人として影響を受けたのは、何人かのかつての上司ですかね。ブルドーザーのように駆け抜ける人もいれば、綿密に各所にプッシュして計画を遂行していく人もいました。私は交渉下手だし、ブルドーザータイプでもない。たぶんそんなに人に嫌われるタイプではないと思いますが、アンチがいないということは裏を返せば強烈に好きとかこの人凄い！と思われないというのが弱みかなと。

JUSTICEの例ですが、自分では絶対望まないポストだったけれども、それまでの私の仕事を見ていて、あいつなら出来ると引き上げてくれる人がいた。自分の意志で就いたわけではなかったけれど、そこでやっぱり成長したと思う。ポストが人をつくるという面はありますね。

―私にとって小陳さんは本当に親方のような存在で、静かに見守ってくれている安心感や信頼感があります。数年前、小陳さんが一橋大にいるときに一橋大女子10人を引き連れて、仙台の某居酒屋で大セリ鍋会が開かれましたね。東北の図書館女子10名も集結して総勢20名の図書館女子が盃をかわす光景は、「ソウカン！（壮観）」でした。

小陳　あれは凄かったね。セリ鍋も日本酒も本当に美味しかったし。冬の土曜の夜にあれだけの人が集まってくれて楽しそうに交流している様子を見られて、至福のひとときでした。

以前、自分は同業者として若い女性のロールモデルにはなれていないんじゃないかという負い目がありました。離婚して今は独り暮らしだし、子どももいないし。かつては国立大学図書館の女性管理職は独身か結婚していても子どものいない人が多かったけれど、最近は育児経験者も増えています。我々の上の世代の人たちが針の穴を開けるような努力をして、少しずつ切り開いてきてくれたことを、私たちがどんどん広げていくべき年代だということを意識しているつもりです。そうやって、多様な経験を持つ女性が活躍する状況になってきているし、私もまぁ、今から性格やキャラが変わるということはないので、自分の持ち味を最大限に生かしてやっていくしかないかな、と思っています。

「ローマは一日にして成らず」を体現するオプティミスト

元宮城県図書館　奉仕部部長
聖和学園短期大学非常勤講師
早坂《はやさか》信子《のぶこ》さん

おおらかでいて緻密、雄弁だが人見知り（だそう）、話し上手で聞き上手、相反するような素性が同居する興味を掻きたてられる人物である。

図書館資料に真摯に向き合う姿勢は、私たち図書館人が見習うべき根本的な態度である。それは、資料への愛情と、資料への揺るぎない信頼、言い換えるならば歴史への深い理解と敬意によるものだろう。宮城県図書館在任中、『宮城県郷土資料総合目録』、『宮城県内公共図書館逐次刊行物総合目録』等の編纂にかかわり、全国総合目録ネットワーク協力会議書誌データ整備分科会主査として公共図書館の全国総合目録データベースの構築準備に携わる。仙台市内の大学では非常勤講師としても活躍されている。

ご本人曰く、「私の三大アイデンティティは、①物をなくす、②迷子になる、③顔と名前が覚えられない」そうだが、これも成熟した魅力として彼女を形成していると思われる。

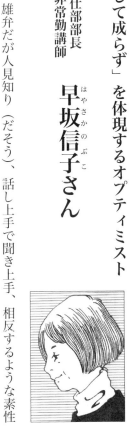

▽早坂 信子さんに
「図書館、司書の存在意義とは？」を聞く！

最悪な事態を繰り返さないために

—当初お会いする予定だったせんだいメディアテークが、当日工事による全面休館という先制パンチに肝を冷やしました。予期せぬ出来事は突然やってきますね。

早坂　そうですね、全くです。そこでと言いますか、是非最初にお話ししたいのが、２０１１年2月に起きた宮城県図書館（仙台市）資料の東北歴史博物館（多賀城市）への移管に関する出来事です。私の手元に「(宮城県図書館)

資料の移管に関する再考を求める請願及び陳情について」があります。この資料移管は、宮城県議会によって後に請願書に関する賛成討論のみがなされ、反対討論なし全員一致で撤回されましたが、これは図書館員に図書館資料を守り抜く力がないと、また同様の事態が起こりうる可能性があります。

—私も記憶しています。明治20年以前の資料が宮城県図書館から東北歴史博物館に移管されるということで、２０１１年2月25日付の地方紙『河北新報』には「宮城県図書館の〝魂〟移管」の見出しが躍りました。この請願書は早坂さんが書かれたとのことですが、図書館の存在意義、まさに根幹にかかわることです。

早坂　移管資料の中身は、「青柳文庫」や仙台藩校養賢堂の旧蔵書である「養賢堂文庫」など県図書館の基礎となる資料を含む11万１５００点でした。

２０１１年2月の議会において、補正予算の膨大な項目の中のたった1行に移管費用の項目が入っていて、内容について議論のないまま可決されたのです。

４月には統一地方選挙が予定され、移管を白紙撤回させるのは無理だとみんなに言われました。しかし、２０１１年３月11日の東日本大震災によって状況が一変し、議員の任期が延長されて、文教警察委員会の請願書審議が継続されることになりました。６月の本会議最終日に、ある議員は賛成討論の中で自らの非を認め、移管に関して「本県の文化行政の一大汚点であり、わが国の学術振興に甚大な支障を及ぼす暴挙」であると発言しました。まさに危機一髪、奇跡のような綱渡りでした。

研究主体が誰か？ということ

―図書館から博物館への資料の移管、図書館協議会にも一切かけられず、当時の図書館長と教育庁のみで進められたという状況、とても乱暴で民主的な態度ではないように思われます。図書館、博物館はどちらも社会教育施設の一つですが、資料へのアプローチ方法は全く違いますね。

早坂　まず、図書館法と博物館法の違いに起因します。学芸員が研究をしてその成果を展示会というかたちで公開する博物館と、一般公衆の利用が無料であり、かつ誰もが資料の調査研究のできる図書館というものは役割が全く違います。博物館では研究主体は学芸員ですが、図書館の研究主体は一般の利用者です。ですから図書館では、誰もが利用できるように蔵書目録を作りそれを公開する義務がありますが、博物館では所蔵品のすべての目録を作る義務はありません。図書館ではどこでもＯＰＡＣ（オンライン閲覧目録）が整備されていますし、国立国会図書館では納本制度がありますが、その条件として必ず目録を作って公開する、それが『日本全国書誌*』ですね。でも博物館ではその義務はありませんから、一度資料が入ってしまうと展示されるまで何があるのかわからなくなる。大学の研究者からは、海外などでもそうですが、博物館に資料が入ったらもはや探せないと言われています。

――資料がブラックボックス化される危険性は、研究者のみならず、文化の保存継承という点でも大いに問題があります。資料の蔵書目録は大変重要なもの

＊全国書誌は、ある一国内で刊行された出版物の網羅的な書誌を意味する。日本では、国立国会図書館が、『日本全国書誌』の作成および提供の役割を担っている。

だということを改めて確認しました。

早坂　ですから、図書館ではきちんと目録を作ることが不可欠です。自館で持っている資料がなんだかわからないという状況は大変まずくて、持っている資料目録を公開していないということは所蔵していないも同然！　だから、図書館員は持っている資料について出来るだけ研究して、知識を深めることが大事です。そして、それを公開し、利用を保証するという責任があります。資料に迫った自身の研究として「『康熙銅版皇輿全覧図稿本』*考察」があります。

資料に迫る、そして人に迫る

――「『康熙銅版皇與全覧図稿本』の考察」は、稿本の正体と来歴に迫った研究ですが、人に迫ったのが『公共図書館の祖青柳文庫と青柳文蔵』*ということですね。青柳文蔵さんはかなりロックな人でしたね。

＊「『康熙銅版皇輿全覧図稿本』考察」叡智の杜 (2), 8-14, 2005　宮城県図書館
「『康熙銅版皇輿全覧図稿本』考察(その２)」叡智の杜 (3), 14-20, 2006 宮城県図書館　参照

＊『公共図書館の祖青柳文庫と青柳文蔵』早坂信子著　大崎八幡宮 2013

早坂　仙台藩の町医者の家に生まれ、生来読書好きだった青柳文蔵（1761-1839）は、江戸で成功した商人ですが、公事師《くじし》や女衒《ぜげん》などの仕事をして財を成しました。その財産で築いた蔵書2885部9937冊と文庫の運営基金1000両を仙台藩に献上して、天保2（1831）年に創設された公開文庫が、青柳文庫です。身分を問わず公開していたことから「公共図書館の祖」といわれています。文蔵は、仙台藩以外にも本と運営資金を寄付して文庫をつくらないかと申し出るのですが、賤しい仕事をしていたという理由で何度も断られています。でもめげない人でしたね。

青柳文蔵についての研究は何十年にもわたりました。育児と、介護と、仕事と忙しい毎日の中で細々と研究を続けてきました。だから長男には、「通勤時間中あなたをおんぶしながら本を読んでいたのよ」、と言っています。

──かなりハードな状況でも研究をされていたのですね。でも、研究が支えだったという部分もあるのではないでしょうか。研究の面白さとはどんなところにあるでしょう。

早坂　謎解きです。どこに類似点があるんだろうとか、この人は誰と交流があったんだろうなど、次から次へと謎が出てきます。それが面白い！　私は何かに無我夢中で没頭するのが好きなんですね。だから没頭すると食事もいらないの。父が「一日三食が錠剤だったらいいのに」と言っていましたが、まさにそれだ！　と思いました。

パブリックということの意味

――「資料の知識を深める」ことは、自館の資料に愛着をもち、自館のあり方を考えるということにもつながると思います。地域の図書館としての役目は、「青柳文庫」や「養賢堂文庫」に代表されるように、これらへの深い理解にあるのですね。

早坂　いい図書館ってなんだろうって考えるんですけれどもね。今は個人の蔵書家からのまとまった寄贈本を、場所や人材の問題で断ることが多いですよね。でも、個人蔵書家を大事にしてほしいと思います。例えば欧米の図書館に行くと、図書館においてある椅子に名前が書いてあることがありますが、それは寄付をしてくれた人の名前なんだそうです。資料を寄付してくれた人の椅子とか机とか、丸ごと持ってきて、その人がいつでも図書館にきて自分の書斎のように手を伸ばして本を読む、もちろん他の方も利用できますが、こういう図書館いいなと思いませんか。個人蔵書家の寄贈本には、まとまりがありますし、その分野のコア資料がそろっているケースが多いですから、体系的にその分野がわかります。

地域で研究していた人たちの個々を丁寧に積み重ねることによって、地域の特色も見えてきますし、地域に根差した図書館のオリジナルのコレクションが生まれると思うのです。公的な機関が一から十までやることがパブリックなのではなくて、一緒に作り上げていくという発想がもっと必要ではないでしょうか。

—現在は図書館現場を離れられて大学での講師などを務めていらっしゃいま

すが、図書館現場について今思うことはありますか？

早坂　私は指定管理者制度には物凄く反対なんですが、市や町の行政がお金を出して本を買います、けれども管理や運営は誰でもいいから民間のノウハウを使ってやりなさいということですよね。でもこの発想は逆ではないかしらと思う。図書館が資料購入予算の範囲内で、本屋さんから買うというのは最近のことで、戦前ぐらいまでは、図書館にある資料、特に郷土資料の多くが寄贈でした。使い終わった方が、次の研究者のためにそっくりコレクションを図書館に寄贈する、公共図書館はそういう場所でした。だから、資料そのものは貰ったってなんだっていいんです。ただし、資料の貸出や保存や目録作成をしっかりやるのが公的な施設の役割、人材や体制づくりに政府や行政が直接かかわらなくてどうする！と思います。

自治体に司書の専門職制度があるにもかかわらず、現在宮城県は司書を採用していない。宮城県はオールラウンド型の職員を求めているようですが、〝何でもできる＝何もできない〟人材しか育ちません。どんな分野でもプロフェッショナルは必要でしょう。

多様性、オリジナリティとは

―地域にある資料の継承は、その土地の歴史に立ち返る貴重な機会にもつながります。そして、私たち図書館員も〝公共〟の一員であることに自覚をもって励みたいと思います。

さて、図書館や司書に興味を持たれたきっかけはなんでしょう。

早坂　6歳か7歳の頃だったと思いますが、仙台にあったアメリカ文化センター*を訪れたとき、当時の日本では入手が難しい外国語の資料がたくさんあって、鮮明に覚えているのが『ヴォーグ』などのファッション誌で、鮮やかで美しくて圧倒されました。父の知り合いが司書をしていたこともあって、こういう仕事があるのかと憧れを持ったのが最初です。

大学ではアルバイトも就活もしたことがなくて、「人間はなんで働かなければ

＊「仙台アメリカ文化センター」は昭和21年3月アメリカの連合国軍「総司令部（GHQ）民間情報教育局（CIE）図書館」の一つとして、昭和23年に発足した。翌年、齋藤報恩会館（青葉区本町二丁目）内に場所を移し、昭和26年9月8日の対日平和条約締結から「アメリカ文化センター」と名称を変えた。

ばならないんだろう」とつくづく考えたりして、そんな時にたまたま国立図書館短期大学特別養成課程があることを知りました。そこでの1年間は刺激的でした。毎日朝8時30分から17時までびっしり授業があって、同期の人たちは一度社会に出た人が多くて、錚々たるメンバーでした。そこで学生同士で課題を出し合ったりして。そのときの授業に演習があったのですが、宮城県図書館で2週間実習をしました。そのことがきっかけで採用試験を受けて、宮城県図書館に入ったということです。タイミングもよく、棚から牡丹餅みたいな話でした。

――〝棚から牡丹餅〟、きっとルートがすでに敷かれていたのでしょうね。これまでに記憶に残る本とのエピソードなどはありますか？

早坂　仕事を始めて、最初に書庫に入った時にびっくりしました。数十万冊の本が人間に、人の顔に見えたんです。「私はこう考える」、「いや私はこんな生き方しかできなかった」など、多種多様に本が叫んでいるようでした。人類の豊富な知識と遺産を目の前にして、もの凄い圧力にカルチャーショックを受けました。

小学4年生の時に担任の先生に読んでもらった芥川龍之介の『蜘蛛の糸』が大好きで、これがきっかけで本に目覚めました。それから中学1年生で出会った『赤毛のアン』は何度もなんども読んで、子ども時代の最後に読みましたね。中学3年生で読んだ大人の本は『嵐が丘』です。図書館を退職後、NHKの水曜図書館というラジオ番組にゲスト出演していた時期がありましたが、例えば直木賞の受賞作品が発表されたら、受賞作品と直木三十五自身の作品とを併せて紹介します。とっても楽しかった。私は彼の『南国太平記』は傑作だと思っていますが、「読んだことがある」という人に会ったことがなくて。時代小説、面白いですよ!

―結びとして、図書館で働く私たち後輩に一言お願いします。

早坂　司書という仕事を持ったことは幸せだと思っています。私、司書じゃなかったら家事の苦手なポンコツ主婦だったと思うから。これからは男女問わず自分の一生を養えるだけの力を付けたほうがいいと思います、仕事も生活も。そして、興味のあることは体力と集中力が充分なうちにどんどんやってください。楽しむということは、人生の醍醐味ですからね。

美しく、強く、そして軽やかに

「のぞみ文庫」主催
「仙台にもっと図書館をつくる会」代表
川《かわ》端《ばた》英《ひで》子《こ》さん

寛容で慈愛に満ちた様子とは裏腹に、情熱に突き動かされた行動力は想像を超える。文庫を経験した子どもたちは、その鋭い感性で本の魅力とともに川端さんの魅力も察知していたに違いない。「文庫の会」や「もっとの会」の精神的支柱でありながらも、少女のようなそよ風を感じさせる。文庫や図書館との出会い、様々な人との出会いがあり、数々の感動によって、彼女の人生が〝もっと、もっと〟と進んできたのである。２０２０年で50周年を迎える「のぞみ文庫」は、野間読書推進賞や伊藤忠記念財団の「子ども文庫功労賞」を受賞、仙台の文庫や公共図書館へ及ぼした影響は大きい。

私は秘かに川端さんの絵本が出来たらいいなと思っている。負けず嫌いな軍国少女から、負けず嫌いな民主活動家になる過程は、昭和という時代の象徴として美しく、強く、そして軽やかに私たちの心に刻まれることだろう。

▽川端英子さんに「図書館運動の真髄」を聞く！

「のぞみ文庫」

―長年「仙台にもっと図書館をつくる会」で図書館運動に携わられてきていますが、公共図書館や司書制度についての様々な学習や行政への働きかけに図書館で働く一人としていつも畏敬の念を抱いております。川端さんたちのされている活動は図書館や司書への最大の応援歌ですし、最強の応援団です。

川端　「仙台にもっと図書館をつくる会」（以下「もっとの会」）は1982年4月に発足しましたが、これ以前に「もっとの会」の母体となった文庫活動があります。私は近所のお母さんたちと「のぞみ文庫」という個人文庫をやっていますが、個人や小さい規模で文庫をやっていると、どうしても本の数など限界があります。1970年代は第二次ベビーブームで、文庫には子どもたちが大勢やってきました。そして文庫に来ていた子どもたちが「自分の家でも文庫がやりたい！」となって、次々に文庫が出来ました。文庫の数も増えて文庫同士での交流の要求が生まれます。それが地域文庫「おてんとさん文庫」に発展します。

それまで「もっと本がほしい」といった漠然とした要求はそれぞれの文庫であったのですが、仙台市民図書館の黒田一之先生らの強いバックアップもあり、仙台市長、教育長との懇談会を持ったり、要望書・陳情書の提出や助成金の要望を出したりしました。これらを経て「仙台手をつなぐ文庫の会」（以下「文庫の会」）が結成されます。その後「文庫の会」では、黒田先生のサポートなどもあって、図書館の勉強会や見学会も行います。これが「もっとの会」の前身です。

―1960年～70年代にかけて、文庫は子どもを持つ母親が中心となって全国各地にたくさんできました。自分の子どもだけではなく、地域の子どもの読書環境向上を目指す母親と、そこから派生した公共図書館設置に関わる住民運動が一つのムーブメントとなりました。全国的な動きに呼応するように仙台でも文庫活動が活発だったと言えますね。川端さんが文庫を始めたきっかけはなんだったのでしょうか？

川端　「日本親子読書センター」の代表をされていた斎藤尚吾先生が中心となって、当時仙台周辺での親子読書運動や子ども文庫活動の必要性が説かれ、高度経済成長の真っ只中、子どもたちの生活環境や文化環境の悪化を憂う母親たちの心を揺さぶりました。

また、その際尚吾先生が子どもたち向けに絵本の読み聞かせをしたのですが、これが素晴らしかった！　子どもたちの生き生きした顔！　感動しました。先生が読んでくれた絵本も初めて出会うものばかりで、絵本がこんなにも素晴らしいものだと知りませんでした。専業主婦で家の事を熱心にやっていましたが、直観的に「私には文庫が合っている」と思いました。それから「のぞみ文庫」を始めて、今年で50周年を迎えます。

平和思想への共感

―なんと50年！　ですか、おめでとうございます。川端さんにとって文庫との出会いは啓示のようなものだったのですね。

川端　啓示、そうですね。実は私の青春は教会生活でした。みんな優しくて居心地も良くて、礼拝堂でピンポンやバドミントンなんかやったりして。戦後教会は、一種若者の交流の場ともなっていました。中学3年のとき洗礼を受けたのですが、私の他に20名ぐらいいました。姉の影響で東北大学に猛勉強して入るのですが、勉強は教会で家庭教師は夫が熱心にしてくれたんですね。でもね、大学に合格したら教会のボランティア活動にのめりこんで、盲学校で読み聞かせをやったり、育児院で子どもたちと遊んだり、大学にはほとんど行っていないんです。だからその時のあだ名が「麗しのさぼりナ」だったと後で聞かされました。

――「麗しのさぼりナ」、タイムマシンで当時の川端さんに会いに行きたいです。教会のボランティア活動で読み聞かせをやられていたとのことですが、すでにここで素地はできていたのですね。

川端　そうかもしれないですね。文庫と出会えたことに感謝しています。絵本を読むと自分の心が耕されるようです。自分の子どもを含め近所の子どもたちに絵本を読んであげたことが、自分の成長にもなったと思います。これは図書館運動にも共通することですが、文庫の活動は平和思想への共感です。私は戦争が国を豊かにするというイデオロギーを信じていた軍国少女だったのですが、それは個々の違い、つまりは多様性を認めないという危険なものです。自分のかけがえのない世界を誰も侵してはいけませんし、子どもたちには自分の頭でものを考えるようになってほしいと思っています。民主主義を私たちのものにする活動でもあると思っています。

〝生きている図書館〟との出会い

―平和思想への共感が文庫活動や図書館運動の原動力の一つだったのですね。文庫活動は社会教育活動という側面がありますし、図書館運動は社会性を伴う運動という側面があります。文庫活動がどのように図書館運動へとつながっていったのでしょうか。

川端　「文庫の会」の最初から黒田先生は様々なサポートをしてくださいましたが、先生は仙台市民図書館をつくるために東京から割愛申請があって来られました。しかし当時の市長や行政、また市民にも図書館というものへの理解がなかったのです。「受験生の勉強部屋」ぐらいにしか思っていなかった。日比谷図書館から来られて、新しい図書館像を頭に描いていたはずですので相当苦労されていたと思います。だから市民から声をあげてもらおうと、その突破口が文庫だったと思います。私たち文庫への応援という意味もあったのでしょう、黒田先生は図書館問題研究会の研修への参加を促してくれたり、「文庫の会」の勉強会に講師を派遣してくれたりと熱心に指導してくださいました。

―勉強会に図書館見学、意欲的に図書館について学ばれたのですね。

川端　勉強すればするほど、「図書館は奥が深いぞ」ということが分かってきました。図書館問題研究会の東北集会で郡山市図書館（福島県）の佐藤晃二さんの「予約制度を確立しよう」という問題提起の中で、「利用者が求める資料は草の根を分けても探し出すように努力しましょう」という発言、感動的で忘れられません。「そこに無いものも借りられる」のが図書館だということに驚いたことと、住民サービスに対する図書館員の熱心な姿に感動して、図書館問題研究会に入会しました。そして「図書館をもっと知りたい、もっと勉強しなくちゃ」と。

日本親子読書センターの研修会にも参加して、清水正三さんなどの講義を聞き、当時先進的図書館であった日野や調布、浦安などの図書館見学もしましたが刺激的でした。建物も素晴らしかったのですが、行き届いたサービス、それを支える司書の姿を見て、〝生きている図書館〟を肌で感じました。

前述の佐藤さんが携わられた1981年7月に開館した郡山市図書館を見学したのですが、「人口30万弱の郡山市にこんな素晴らしい図書館ができて、どうして仙台市には素晴らしい図書館がないんだ！」と憤慨して帰ってきたんです。そして市民に呼びかけて開催したのが「新しい東北の図書館を考える会」です。

図書館運動は100年戦争

―「文庫の会」主催で開催された「新しい東北の図書館を考える会」は、図書館は文庫だけの問題ではないということで、図書館に限定した市民団体が作られますが、それが「仙台にもっと図書館をつくる会」ですね。

川端　１９８２年４月１日の発足です。名称の「仙台にもっと図書館をつくる会」は、「つくる」は、「作る」だけじゃなくて創造する「創る」という意味もあるので平仮名です。「もっと」にはもっと図書館の数をという意味と、もっと良い図書館、建物だったり、サービスだったり、人だったりという思いが込められています。現在でも〝もっと〟は生きていますよ。公共図書館は、等しく学ぶ権利、知る権利、読書の喜びを味わう権利を保障するべき施設ですよね。だから為政者がこれをないがしろにする態度は、私たち国民をないがしろにしているということになります。だから文庫活動だけで完結する問題ではないですし、「図書館運動は１００年戦争」と言われていますから簡単なことではありません。

――「〝もっと〟は今も生きている」とは、具体的にはどういった点でしょうか？

川端　１９８４年の仙台市長選挙立候補者二人に、「もっとの会」から「仙台市の図書館行政についての公開質問状」を出しました。これが仙台市長選で初の図書館に関する公開質問状です。両者から前向きな回答を得ました。1988年に「仙台市図書館整備基本計画」（以下、整備基本計画）が公開されるのですが、「もっとの会」で作った図書館構想「図書館をもっと身近に暮らしの中に」が一部採用されました。これに先立つ1986年に仙台市図書館整備基本構想策定委員会が設置され、「もっとの会」と「文庫の会」の代表が委員に嘱託されています。

この整備基本計画公開に漕ぎつけるまでには数々の大奮闘劇がありますが、公開質問状が無かったら図書館行政は一歩も前進しませんでした。この整備基本計画の中で、5区毎に地区館を配置し、その他分館5館、分室13、これらの整備後に中央図書館の配置が謳われていますが、現在でも分館、分室は数的に達成されていませんし、中央図書館も政令指定都市であるにもかかわらず、未だない状態です。「資料情報サービスセンターとしての役割」を持たせるべき中央図書館がないのです。

それから、私たちは「花には太陽を、図書館には司書を」を掲げて、館長を含めて職員には司書資格をもつ人員の配置を望んでいます。しかし、仙台市図書館は指定管理者制度を導入しました。とても残念なことです。長期的な視野での図書館運営や計画には優れた司書が必要です。建物はまだ簡単かもしれないですが、人の育成は簡単ではありません。だから〝もっと〟は現在進行形です。

――「図書館運動は100年戦争」とは言うものの、道のりは長いですね。モチベーションを保つのにも苦労しそうです。

川端 「もっとの会」の最初の勉強会で、図書館計画施設研究所所長の菅原峻先生から会に5つの言葉を贈られました。「遠吠えなどとあきらめてはいけない、現実主義に流されるのも禁物、どこにも遠慮することなく高い理想を力強くうったえるものであってほしい、提案がすぐに実効をもつことに性急であってはならない、しぶとく努力を重ねることが肝心である。」息切れしそうなときにこの言葉が私たちを支えてくれました。図書館運動は長い闘いだと心得ていますが、次の世代に伝えていくのが難しいですね。

図書館への夢は膨らむ

――「もっとの会」の三本柱、①行政への働きかけと学習、②市民への広報、③会報づくりです。行政への要望書・公開質問状・提言書は２０１７年までに49件に上りますし、学習の一環である図書館見学も東北六県、北海道、伊万里など85館（２０２０年３月現在）に及びます。また会報『MOTTO』も最新号が第１６５号（２０２０年２月現在）、前述の図書館構想も３度作られていますね。

川端　図書館構想その1は、１９８５年5月に発刊した「図書館をもっと身近に暮らしの中に」です。主に仙台市の図書館システムについてまとめたもので、図書館サービスの目標として個人登録率30％（当時7・5％）、年間貸出冊数市民一人当たり6冊（当時１・18冊）、市民一人当たりの蔵書冊数３冊（当時０・61冊）としました。その2として「夢いっぱい！　私たちの図書館」を政令指定都市が発足した1989年4月に発刊しますが、これは前年に出された整備基本計画がどのように実施されているかを見守るための指針として、政令指定都市発足後の地区館に焦点を当て「地区館編」としてまとめました。その3は1997年8月発刊の「21世紀にむけて」では、もっともっと身近に図書館をということで、中学校区に1館を提案しています。夢は膨らみます。

—「のぞみ文庫」は記念すべき50周年ですが、読書の普及に貢献した個人や団体を表彰する読書推進運動協議会の第47回野間読書推進賞を個人の部で受賞されています。「もっとの会」も今年で38年をむかえますが、川端さんの今後の夢をお聞かせください。

川端　50周年記念会を、絵本作家のとよたかずひこさんを招いて12月に開催を予定しています。100人ぐらい集まるかな。それから、文庫から借りた絵本や紙芝居の中で一番好きだったものについて一言書いてもらって、記念誌を作ろうと思っています。表紙は折り染めにして、これは我が家の庭でやる予定ですが、和綴じにしようと考えています。野間読書推進賞でいただいた賞金で50周年記念を！と思っています。

それから、これは「もっとの会」とは関係なく私個人としての夢ですが、東北大学がある片平キャンパス付近に、「魯迅・藤野記念館を併設した中央図書館」が出来たら素敵じゃないですか。これが最終的な夢ですね。

あとがき

孔子の『論語』為政篇に「子曰く、吾十有五にして学に志す、三十にして立つ、四十にして惑わず、五十にして天命を知る……」、と有名な一節がある。「私は十五歳で学問を志し、三十歳で学問によって自立し、四十歳になり迷うことがなくなり、五十歳で天から与えられた天命というものを理解した」と今までこのような解釈だと考えられてきた。しかし、最近の研究で「四十にして惑わず」の「惑わず」が「或《くぎら》ず」だったのではないかとの見解があると、金田一秀穂先生のお話。そうするとおのずと意味が変わってくる。つまり、「四十歳で迷うことがない」のではなく、「四十歳で、いままでの或を超えてみろ！」との意味になる。おぉ！冒険的でワクワクしてくる。これまでとは真逆とも言える解釈、40歳で迷いがないなんて、もはや仙人並み、つまらないこと極まりないが、ここらでもっと視野を広げ、凝り固まった自分をぶっ壊せ！といった意味のほうが、ロックでポジティブな人生が送れるような気がしないだろうか。私はだんぜん新解釈を支持したい！と、これまでの自らを省みて、自身をぶっ壊す！までには至らなかったが、凝り固まった小さなシコリ？のいくつかは粉砕された1冊になったように思う。

今回も企画の段階から原稿の校正に至るまで、すべての工程にわたってご尽力とご教示くださった大島真理先生の支えは計り知れず、ゴールまで走りきることが出来たことに、この場を借りてお礼申し上げます。また、可愛くてわんぱくな魔女っ子の表紙や挿絵、それからインタビューの方たちのポートレートも手掛けてくれた斉藤由理香さん、ブックレビューでは彼女の描く真空でミクロな世界観を貫くマクロなビジョンを感じていただけたと思う。そして、私のたわいないアイディアを面白がり協力してくれたことに感謝いたします。

インタビューというラブコールに応えてくださった新出さん、小陳左和子さん、早坂信子さん、川端英子さん、お忙しいなか快くお引き受けくださり、有意義で愉しい時間をご一緒できたこと、心から感謝申し上げます。また、魔女っ子の成長を見守り支えてくださる郵研社の登坂和雄さん、新たな1冊を生み出すことが出来ましたことにお礼と感謝を申し上げます。

二〇二〇年五月

著　者

ナ

ハ

マ

ラ

その他

本と映画（*）の索引

著者　八巻千穂（やまき　ちほ）
1975年福島県生まれ。
東北福祉大学卒業。現在、同図書館勤務。
『東北福祉大学図書館所蔵和漢書目録』編纂担当。
趣味は旅行とモダンバレエ。
お気に入りはキズパワーパッドといらすとや。
広報ワーキングで培った技は、ハレパネの扱いの上手いこと。
図書館俳句部部長。
著書に『魔女っ子司書と図書館のたね』がある。

カバーデザイン　マユタケ ヤスコ

魔女《まじょ》っ子司書《こししょ》の自由研究《じゆうけんきゅう》

2020年7月3日　初版発行

著　者　八巻　千穂　©YAMAKI　Chiho
発行者　登坂　和雄
発行所　株式会社　郵研社
〒106-0041　東京都港区麻布台3-4-11
電話（03）3584-0878　FAX（03）3584-0797
ホームページ http://www.yukensha.co.jp

印　刷　モリモト印刷株式会社

ISBN978-4-907126-35 -3　C0095
2020　Printed in Japan

魔女っ子司書と図書館のたね

図書館のタネは、やがて根を伸ばし、
本と人とを結び付ける。

【図書館へ行こう！—インタビュー編より】

▼図書館スピンオフ
庄子隆弘さん
「図書館の可能性とは？」を聞く
▼図書館界のレジェンド
（大学図書館）斎藤雅英先生
「司書の専門性とは？」を聞く
▼図書館トップセールスレディ
（公共図書館）辰口裕美さん
「図書館サービスとは？」を聞く
▼はばたく認定司書第１０８９号
（公共図書館）村上さつきさん
「認定司書とは？」を聞く

八巻千穂著
斉藤由理香 絵ほか
定価：本体1400円＋税

魔女っ子たちの図書館学校

現役「司書のつぶやき」や、生活のなかでつながって行く図書館への思い……。
本を読むというゼミの実践が、その後の“魔女っ子たち“に何をもたらしたのか！

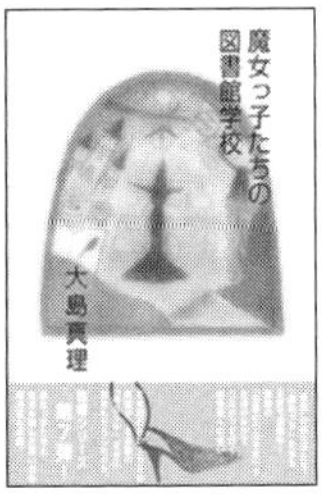

【主な内容】

Ⅰ　シェラクラブ編　——　司書のつぶやき
Ⅱ　ゼミ編　——　ゼミの思い出
Ⅲ　魔女っ子たちのブックレビュー
Ⅳ　番外編　食卓を囲んで

大島真理編著　　定価：本体1400円＋税

YUKENSHA 郵研社の本

※書店にない場合は、小社に直接お問い合わせください